DIE FEINSCHMECKER KUNST VON WELLINGTON UND IN EINER KRUSTE

Das ultimative Kochbuch für 100 elegant verpackte Gerichte

Minna Voigt

Urheberrechtliches Material ©2023

Alle Rechte vorbehalten

Kein Teil dieses Buches darf in irgendeiner Form oder mit irgendwelchen Mitteln ohne die entsprechende schriftliche Zustimmung des Herausgebers und Urheberrechtsinhabers verwendet oder übertragen werden, mit Ausnahme kurzer Zitate, die in einer Rezension verwendet werden . Dieses Buch sollte nicht als Ersatz für medizinische, rechtliche oder andere professionelle Beratung betrachtet werden.

INHALTSVERZEICHNIS _

INHALTSVERZEICHNIS _ 3
EINFÜHRUNG 6
WELLINGTON 7
   1. KLASSISCHES BEEF WELLINGTON 8
   2. LACHS WELLINGTON 10
   3. RINDFLEISCH UND PILZE WELLINGTON 12
   4. SPAM WELLINGTON 14
   5. MINI-BEEF WELLINGTON 16
   6. HACKBRATEN WELLINGTON 18
   7. HUHN WELLINGTON 20
   8. ENTE WELLINGTON 22
   9. LAMM WELLINGTON 24
   10. MEERESFRÜCHTE WELLINGTON 26
   11. CURRY-SEETEUFEL WELLINGTON 28
   12. WILD WELLINGTON 30
   13. BEEF WELLINGTON MIT SPINAT UND KASTANIENPILZEN 32
   14. PASTINAKE UND STEINPILZ WELLINGTON 34
   15. VEGANES PILZ-WELLINGTON 37
   16. VEGANER MISO-PILZ, KÜRBIS UND KASTANIEN-WELLINGTON 40
   17. BLUMENKOHL WELLINGTON 43
   18. LAMM-WELLINGTONS MIT QUINOA-KRÄUTER-FÜLLUNG 46
   19. INDIVIDUELLE BEEF WELLINGTONS 48
   20. MINI-RINDFLEISCH UND PROSCIUTTO WELLINGTON 51
   21. HACKFLEISCH WELLINGTON 54
   22. BEEF WELLINGTON MIT KREOLISCHER PILZMISCHUNG 56
   23. SOUS VIDE BEEF WELLINGTON 59
   24. BEEF WELLINGTON POT PIE 62
   25. WELLINGTON-HÄPPCHEN VOM RIND 65
   26. BEEF WELLINGTON DES ARMEN MANNES 68
   27. FLEISCHBÄLLCHEN WELLINGTON 71
   28. LUFTFRITTEUSE HACKFLEISCH WELLINGTON 74
   29. BRASSEN-WELLINGTON MIT BLUMENKOHL, GURKE UND RETTICH 76
   30. BEEF WELLINGTON NACH TEXAS-ART 78
   31. GEMÜSE WELLINGTON 81
   32. JACKALOPE WELLINGTON 84
   33. ITALIENISCHES RINDFLEISCH WELLINGTON 86
   34. VEGGIE-LINSEN-WELLINGTON 89
   35. PORTOBELLO, PEKANNUSS UND CHESTNUT WELLINGTON 92
   36. SCHWEINEFLEISCH WELLINGTON 95
   37. GEGRILLTES RINDFLEISCH WELLINGTON 98
   38. FEIGE UND SALBEI TRUTHAHN WELLINGTON 101
   39. BLAUSCHIMMELKÄSE UND RINDFLEISCH WELLINGTON 104

40. Schweinefilet mit gebackenem Blätterteig 107
EN CROÛTE 109
41. Belgischer Lachs im Blätterteig 110
42. Seitan En Croute 113
43. Hähnchen und Pilze en Croûte 116
44. Gemüse en Croûte..118
45. Rindfleisch und Blauschimmelkäse En Teigmantel 120
46. Spinat und Feta En Croûte..122
47. Ratatouille En Croûte 124
48. Garnelen und Spargel En Croûte 126
49. Apfel und Brie En Croûte 128
50. Brie de Croute 130
51. Rustikale Pastete en Croûte 132
52. Filet de Boeuf en Croûte 135
53. Entenpastete en Croûte 138
54. Huhn de Croûte mit Salami, Schweizer Käse und Blauschimmelkäse 141
55. Heißluftfritteuse Lachs auf Croûte 144
56. Nepalesische Regenbogenforelle auf der Croûte 146
57. Granatapfel-Brie en Croûte 149
58. Heilbutt de Croûte mit Estragon-Zitronencreme 151
59. Meerforelle Coulibiac en Croûte 154
60. Mango-Hähnchen en Croûte 157
61. Caprese En Croûte 159
62. Pesto-Garnelen en Croûte 161
63. Butternusskürbis und Salbei En Teigmantel 163
64. Feigen- und Ziegenkäse En Teigmantel 165
65. Pilz- und Trüffelöl En Teigmantel 167
66. Süßkartoffel und Feta En Teigmantel..169
67. Mit Prosciutto umwickelter Spargel En Croûte 171
STRUDEL 173
68. Geschmorter Schweinefleischstrudel mit grüner Apfelsauce........174
69. Hühnchen- und Andouille-Strudel 177
70. Langustenstrudel mit zwei Saucen 180
71. Herzhafter Lachsstrudel mit Dill 183
72. Lamm- und getrockneter Tomatenstrudel 186
73. Marokkanischer Gemüsestrudel 189
74. Geräucherter Lachs und Brie-Strudel 192
75. Geräucherte Forelle und gegrillter Apfelstrudel 195
76. Wildpilzstrudel 197
77. Leberstrudel 200
78. Fleischstrudel 203
79. Auberginen-Tomaten-Strudel 206
80. Zucchinistrudel mit Hackfleisch 209

81. Rindfleisch-Brokkoli-Strudel 212
82. Wurst- und Pilzstrudel 215
83. Pilz-Zucchini-Strudel 218
84. Pilzstrudel 221

MEHR GEHÄUSEGESCHIRR 223
85. Filet-Croustades mit Käse- und Pilzfüllung 224
86. Whiskey-Wurstbrötchen 227
87. Mango und Wurst Windräder 229
88. Thunfisch-Blätterteig-Windräder 231
89. Kleine Schweinchen in einer Hängematte 234
90. Blätterteig-Wurströllchen 236
91. Kräuter-Rindereintopf mit Blätterteig 238
92. Lammwurstbrötchen mit Harissa-Joghurt 241
93. Pot Pie nach libanesischer Art 243
94. Gemüsetopfkuchen 245
95. Offener Kuchen mit Spinat und Pesto 247
96. Burekas 249
97. Beefsteak Pie 252
98. Australia n Pie Floater 255
99. Steak und Zwiebelkuchen 258
100. Schinken-Käse-Puffs 261

ABSCHLUSS 263

EINFÜHRUNG

Begeben Sie sich auf eine kulinarische Reise, die Kunst und Gastronomie mit „DIE FEINSCHMECKER KUNST VON WELLINGTON UND IN EINER KRUSTE" Dieses Kochbuch lädt Sie ein, das Reich der elegant verpackten Gerichte zu erkunden, in denen Aromen in Schichten exquisiten Gebäcks eingebettet sind und so kulinarische Meisterwerke entstehen, die über das Gewöhnliche hinausgehen. Mit 100 sorgfältig zusammengestellten Rezepten ist diese Sammlung eine Hommage an das Zeitlose und Anspruchsvolle Kunst von Wellington und En Teigmantel.

Stellen Sie sich ein kulinarisches Erlebnis vor, bei dem jedes Gericht ein visuelles Spektakel, eine Symphonie der Texturen und eine Explosion von Aromen ist, die den Gaumen verzaubern. „DIE FEINSCHMECKER KUNST VON WELLINGTON UND IN EINER KRUSTE" ist Ihr Leitfaden für die Kreation dieser kulinarischen Wunder, egal ob Sie eine üppige Dinnerparty veranstalten, Ihre Gäste beeindrucken möchten oder einfach nur dem Vergnügen frönen, zu Hause gehobene Gerichte zuzubereiten.

Vom klassischen Beef Wellington bis hin zu einfallsreichen vegetarischen Optionen erkundet dieses Kochbuch die Vielseitigkeit von umhüllten Gerichten und bietet eine vielfältige Auswahl an Rezepten für jeden Geschmack und Anlass. Ganz gleich, ob Sie ein erfahrener Koch oder ein Hobbykoch sind, der seine kulinarischen Fähigkeiten verbessern möchte, diese Rezepte sollen die Kunst des Einhüllens entmystifizieren und Gourmet-Eleganz auf Ihren Tisch bringen.

Begleiten Sie uns, während wir die Blätterteigschichten auflösen, die saftigen Füllungen freilegen und in die Welt der kulinarischen Raffinesse eintauchen. „DIE FEINSCHMECKER KUNST VON WELLINGTON UND IN EINER KRUSTE" ist nicht nur ein Kochbuch; es ist eine Einladung, Ihre Küche in eine Leinwand für Gourmet-Kunst zu verwandeln. Ziehen Sie also Ihre Schürze an, schärfen Sie Ihre Messer und lassen Sie das kulinarische Meisterwerk entfalten.

WELLINGTON

1.Klassisches Beef Wellington

ZUTATEN:
- 2 Pfund Rinderfilet
- 2 EL Olivenöl
- Salz und Pfeffer nach Geschmack
- 1 Pfund Pilze, fein gehackt
- 4 EL Dijon-Senf
- 8 Scheiben Prosciutto
- Blätterteigblätter

ANWEISUNGEN:
a) Den Ofen auf 220 °C (425 °F) vorheizen.
b) Reiben Sie das Rindfleisch mit Olivenöl, Salz und Pfeffer ein.
c) Das Rindfleisch in einer heißen Pfanne anbraten, bis es von allen Seiten braun ist.
d) Pilze in einer Pfanne vermischen, bis die Feuchtigkeit verdunstet ist.
e) Das Rindfleisch mit Senf bestreichen, mit Prosciutto und dann mit der Pilzmischung bedecken.
f) Blätterteig ausrollen, das Rindfleisch einwickeln und die Ränder verschließen.
g) 25–30 Minuten backen oder bis es goldbraun ist.

2.Lachs Wellington

ZUTATEN:
- 1 Blatt Blätterteig
- 450 g Lachsfilet, ohne Haut
- 1/2 Tasse (120 g) Frischkäse, weich
- 1/4 Tasse (60 ml) gehackter frischer Dill
- 2 EL (30 ml) Dijon-Senf
- 1 EL (15 ml) Zitronensaft
- Salz und Pfeffer
- 1 Ei, geschlagen
- Mehl zum Bestäuben

ANWEISUNGEN:
a) Heizen Sie den Ofen auf 400 °F (200 °C) vor.
b) Den Blätterteig auf einer leicht bemehlten Fläche zu einem Rechteck ausrollen.
c) In einer Schüssel Frischkäse, gehackten Dill, Dijon-Senf, Zitronensaft, Salz und Pfeffer vermischen.
d) Verteilen Sie die Frischkäsemischung gleichmäßig auf dem Blätterteig und lassen Sie dabei einen 2,5 cm breiten Rand frei.
e) Legen Sie das Lachsfilet auf die Frischkäsemischung und falten Sie den Teig um, sodass der Lachs vollständig umschlossen ist und die Ränder versiegelt sind.
f) Bestreichen Sie den Teig mit dem geschlagenen Ei und ritzen Sie die Oberseite mit einem scharfen Messer diagonal ein.
g) 25–30 Minuten backen oder bis der Teig goldbraun ist und der Lachs gar ist.
h) Lassen Sie es 5–10 Minuten abkühlen, bevor Sie es in Scheiben schneiden und servieren. Genießen!

3.Rindfleisch und Pilze Wellington

ZUTATEN:
- 2 Blätterteigblätter
- 4 Rinderfiletsteaks
- 1/4 Tasse Dijon-Senf
- 1/4 Tasse gehackte Pilze
- 1/4 Tasse gehackte Zwiebeln
- 2 Knoblauchzehen, gehackt
- 2 EL Butter
- Salz und Pfeffer

ANWEISUNGEN:
a) Heizen Sie den Ofen auf 400 °F (200 °C) vor.
b) Die Rinderfiletsteaks mit Salz und Pfeffer würzen.
c) In einer Pfanne die Butter schmelzen und die Pilze, Zwiebeln und den Knoblauch anbraten, bis sie weich sind.
d) Den Blätterteig auf einer leicht bemehlten Fläche ausrollen und den Dijon-Senf darauf verteilen.
e) Legen Sie die Rinderfiletsteaks auf den Senf und löffeln Sie die Pilzmischung über die Steaks.
f) Wickeln Sie den Teig um das Rindfleisch und bestreichen Sie ihn mit Eigelb.
g) 25–30 Minuten backen oder bis der Teig goldbraun ist.

4.Spam Wellington

ZUTATEN:
- 1 (12-Unzen) Dose Spam, ganz (nicht gewürfelt)
- 1 Packung Blätterteigblätter
- 1 Ei, leicht geschlagen (zum Waschen der Eier)
- 2 Esslöffel Dijon-Senf
- 1 Esslöffel Honig
- Salz und Pfeffer nach Geschmack
- Optional: 2 Esslöffel Butter zum Begießen

ANWEISUNGEN:

a) Heizen Sie Ihren Backofen auf 375 °F (190 °C) vor. Ein Backblech mit Backpapier auslegen.

b) In einer kleinen Schüssel Dijon-Senf, Honig, Salz und Pfeffer verrühren, um die Senfglasur herzustellen.

c) Den Blätterteig auf einer bemehlten Fläche ausrollen.

d) Legen Sie den gesamten Spam in die Mitte des Blätterteigblatts.

e) Bestreichen Sie die Oberseite und die Seiten des Spam mit der Senfglasur.

f) Falten Sie den Blätterteig über den Spam, um ihn vollständig zu umhüllen . Drücken Sie die Kanten fest, um sie zu versiegeln.

g) Legen Sie den verpackten Spam mit der Naht nach unten auf das vorbereitete Backblech.

h) Bestreichen Sie die Oberseite des Teigs mit dem verquirlten Ei, um ihm eine goldene Oberfläche zu verleihen.

i) Optional können Sie den Teig mit zerlassener Butter bestreichen, um den Geschmack und die Konsistenz zu verstärken.

j) Backen Sie den Spam Wellington im vorgeheizten Ofen etwa 25 bis 30 Minuten lang oder bis der Teig aufgebläht und goldbraun ist.

k) Nehmen Sie den Wellington aus dem Ofen und lassen Sie ihn etwas abkühlen, bevor Sie ihn in Scheiben schneiden.

l) Servieren Sie dieses elegante und köstliche Spam Wellington als einzigartiges und beeindruckendes Gericht!

5.Mini-Beef Wellington

ZUTATEN:
- 1 Pfund Rinderfilet, in kleine Medaillons geschnitten
- Salz und Pfeffer nach Geschmack
- 2 Esslöffel Olivenöl
- 1 Esslöffel Dijon-Senf
- 1 Packung (17,3 Unzen) Blätterteig, aufgetaut
- 1 Ei, geschlagen (zum Waschen der Eier)
- Optional: Pilz- Duxelles (Pilzmischung) für zusätzlichen Geschmack

ANWEISUNGEN:

a) Heizen Sie Ihren Backofen auf 400 °F (200 °C) vor.

b) Die Rindermedaillons von allen Seiten mit Salz und Pfeffer würzen.

c) Erhitzen Sie das Olivenöl in einer heißen Pfanne bei mittlerer bis hoher Hitze.

d) Die Rindermedaillons darin von jeder Seite etwa 1-2 Minuten anbraten, bis sie braun sind. Vom Herd nehmen und beiseite stellen.

e) Rollen Sie den Blätterteig auf einer leicht bemehlten Oberfläche etwa 1/4 Zoll dick aus.

f) Den Blätterteig in Quadrate oder Rechtecke schneiden, die groß genug sind, um die Rindermedaillons zu umschließen.

g) Optional: Für zusätzlichen Geschmack eine dünne Schicht Dijon-Senf oder Pilz- Duxelles auf jedes Blätterteigstück streichen.

h) Legen Sie ein gebratenes Rindermedaillon in die Mitte jedes Blätterteigstücks.

i) Falten Sie die Ränder des Blätterteigs über das Rindfleisch und verschließen Sie es vollständig.

j) Legen Sie die eingewickelten Beef Wellingtons mit der Naht nach unten auf ein mit Backpapier ausgelegtes Backblech.

k) Bestreichen Sie die Oberseite der Wellingtons mit dem verquirlten Ei, um ein goldenes Finish zu erzielen.

l) Im vorgeheizten Ofen etwa 15–20 Minuten backen oder bis der Blätterteig goldbraun ist und das Rindfleisch den gewünschten Gargrad erreicht hat.

m) Aus dem Ofen nehmen und die Mini Beef Wellingtons vor dem Servieren einige Minuten ruhen lassen.

n) Servieren Sie es als köstliche Vorspeise und genießen Sie das zarte Rindfleisch und den Blätterteig.

6. Hackbraten Wellington

ZUTATEN:
- 1 Dose (10,75 Unzen) kondensierte Pilzcremesuppe
- 2 Pfund Hackfleisch
- ½ Tasse trockene Semmelbrösel, fein
- 1 Ei, leicht geschlagen
- ⅓ Tasse Zwiebel, fein gehackt
- 1 Teelöffel Salz
- ⅓ Tasse Wasser
- 8-Unzen-Packung gekühlter Hörnchenbrötchen

ANWEISUNGEN:
a) Ofen auf 375 Grad F vorheizen.
b) eine halbe Tasse Suppe, Rindfleisch, Semmelbrösel, Ei, Zwiebeln und Salz gründlich .
c) Formen Sie es fest zu einem 10 x 20 cm großen Laib. in eine flache Backform geben.
d) 1 Stunde backen. In einem Topf die restliche Suppe, Wasser und 2 bis 3 Esslöffel Bratenfett vermischen. Hitze; Gelegentlich umrühren und mit Laib servieren.
e) Nachdem der Laib fertig ist, das Fett ablöffeln.
f) Trennen Sie die Halbmondbrötchen voneinander und legen Sie sie quer über die Ober- und Unterseite des Hackbratens, wobei Sie sie leicht überlappen.
g) Weitere 15 Minuten backen.

7.Huhn Wellington

ZUTATEN:
- 4 Hähnchenbrustfilets ohne Knochen und Haut
- Salz und Pfeffer nach Geschmack
- 2 EL Olivenöl
- 1 Tasse Spinat, gehackt
- 1/2 Tasse Feta-Käse, zerbröckelt
- Blätterteigblätter

ANWEISUNGEN:
a) Heizen Sie den Ofen auf 400 °F (200 °C) vor.
b) Hähnchen mit Salz und Pfeffer würzen.
c) Hähnchen in Olivenöl anbraten, bis es braun ist.
d) Spinat und Feta mischen, auf das Hähnchen legen.
e) Blätterteig ausrollen, Hähnchen einwickeln, Ränder verschließen.
f) 25–30 Minuten backen, bis der Teig goldbraun ist.

8. Ente Wellington

ZUTATEN:
- 2 Entenbrüste
- Salz und Pfeffer nach Geschmack
- 2 EL Olivenöl
- 1 Tasse Champignons, fein gehackt
- 2 EL Brandy
- Foie Gras (optional)
- Blätterteigblätter

ANWEISUNGEN:
a) Heizen Sie den Ofen auf 400 °F (200 °C) vor.
b) Entenbrüste mit Salz und Pfeffer würzen.
c) Ente in Olivenöl anbraten, bis die Haut knusprig ist.
d) Pilze anbraten, Brandy hinzufügen und kochen, bis die Flüssigkeit verdampft ist.
e) Foie Gras (falls verwendet) auf die Ente legen und mit der Pilzmischung belegen.
f) Blätterteig ausrollen, Ente einwickeln, Ränder verschließen.
g) 25–30 Minuten backen, bis der Teig goldbraun ist.

9.Lamm Wellington

ZUTATEN:
- 2 Pfund Lammlende
- Salz und Pfeffer nach Geschmack
- 2 EL Olivenöl
- 1 Tasse Minzgelee
- 1 Tasse Semmelbrösel
- Blätterteigblätter

ANWEISUNGEN:
a) Heizen Sie den Ofen auf 400 °F (200 °C) vor.
b) Lammfleisch mit Salz und Pfeffer würzen.
c) Lammfleisch in Olivenöl anbraten, bis es braun ist.
d) Lammfleisch mit Minzgelee bestreichen und mit Semmelbröseln bestreichen.
e) Blätterteig ausrollen, Lamm einwickeln, Ränder verschließen .
f) 25–30 Minuten backen, bis der Teig goldbraun ist.

10. Meeresfrüchte Wellington

ZUTATEN:
- 4 weiße Fischfilets
- Salz und Pfeffer nach Geschmack
- 2 EL Olivenöl
- 1 Tasse Meeresfrüchtemischung (Garnelen, Jakobsmuscheln usw.)
- 1/2 Tasse Frischkäse
- Blätterteigblätter

ANWEISUNGEN:
a) Heizen Sie den Ofen auf 400 °F (200 °C) vor.
b) Fisch mit Salz und Pfeffer würzen.
c) Meeresfrüchtemischung anbraten, bis sie gar ist, mit Frischkäse vermischen.
d) Blätterteig ausrollen, Fisch hineinlegen, Meeresfrüchtemischung darauf verteilen.
e) Den Teig um den Fisch wickeln, Ränder verschließen.
f) 20–25 Minuten backen, bis der Teig goldbraun ist.
g) Genießen Sie diese zusätzlichen Wellington-Rezepte!

11. Curry-Seeteufel Wellington

ZUTATEN:
- 4 Seeteufelfilets
- Salz und Pfeffer nach Geschmack
- 2 EL Olivenöl
- 2 EL Currypulver
- 1 Zwiebel, fein gehackt
- 2 Knoblauchzehen, gehackt
- 1 Tasse Kokosmilch
- 1 Tasse Spinat, gehackt
- Blätterteigblätter

ANWEISUNGEN:
a) Heizen Sie den Ofen auf 400 °F (200 °C) vor.
b) Seeteufelfilets mit Salz, Pfeffer und Currypulver würzen.
c) Den Seeteufel in Olivenöl anbraten, bis er von allen Seiten braun ist.
d) In derselben Pfanne Zwiebeln und Knoblauch anbraten, bis sie weich sind.
e) Kokosmilch in die Pfanne geben und zum Kochen bringen. Lassen Sie die Mischung leicht eindicken.
f) Gehackten Spinat zur Currymischung geben und rühren, bis er zusammenfällt.
g) Blätterteig ausrollen und auf jedes Filet eine Portion der Spinat-Curry-Mischung geben.
h) Wickeln Sie den Blätterteig um den Seeteufel und verschließen Sie die Ränder.
i) Legen Sie den eingewickelten Seeteufel auf ein Backblech und backen Sie ihn 20–25 Minuten lang oder bis der Teig goldbraun ist.
j) Servieren Sie Ihren Curry-Seeteufel Wellington mit Reis oder Ihren Lieblingsbeilagen. Genießen!

12. Wild Wellington

ZUTATEN:
- 4 Hirschfilets
- Salz und Pfeffer nach Geschmack
- 2 EL Olivenöl
- 1/2 Tasse Rotwein
- 1 Zwiebel, fein gehackt
- 2 Knoblauchzehen, gehackt
- 8 Unzen Pilze, fein gehackt
- 1 EL frischer Thymian, gehackt
- dijon Senf
- Blätterteigblätter
- 1 Ei (zum Waschen der Eier)

ANWEISUNGEN:
a) Heizen Sie den Ofen auf 400 °F (200 °C) vor.
b) Die Hirschfilets mit Salz und Pfeffer würzen.
c) In einer heißen Pfanne die Filets in Olivenöl anbraten, bis sie von allen Seiten braun sind.
d) Die Pfanne mit Rotwein ablöschen und alle gebräunten Stücke herauskratzen. Beiseite legen.
e) In derselben Pfanne Zwiebeln und Knoblauch anbraten, bis sie weich sind.
f) Pilze und Thymian hinzufügen und kochen, bis die Pilze ihre Feuchtigkeit abgeben und goldbraun werden.
g) Die gebratenen Hirschfilets mit Dijon-Senf bestreichen.
h) Auf jedes Filet eine Portion der Pilzmischung geben.
i) Blätterteig ausrollen, jedes Filet einwickeln und die Ränder verschließen.
j) Legen Sie die eingewickelten Filets auf ein Backblech.
k) Bestreichen Sie den Blätterteig mit Eigelb, um ihm eine goldene Note zu verleihen.
l) 20–25 Minuten backen oder bis der Teig goldbraun ist.
m) Servieren Sie Ihr Wild Wellington mit einer Rotweinreduktion oder Ihrer Lieblingssauce. Genießen Sie dieses elegante und geschmackvolle Gericht!

13. Beef Wellington mit Spinat und Kastanienpilzen

ZUTATEN:
- 1,5 kg Rinderfilet
- Salz und schwarzer Pfeffer nach Geschmack
- 2 EL Olivenöl
- 1 Pfund Kastanienpilze, fein gehackt
- 2 Knoblauchzehen, gehackt
- 2 Tassen frischer Spinat, gehackt
- 2 EL Dijon-Senf
- 8 Scheiben Prosciutto
- Blätterteigblätter
- 1 Ei (zum Waschen der Eier)

ANWEISUNGEN:
a) Den Ofen auf 220 °C (425 °F) vorheizen.
b) Das Rinderfilet mit Salz und schwarzem Pfeffer würzen.
c) Olivenöl in einer Pfanne erhitzen und das Rindfleisch darin scharf anbraten, bis es von allen Seiten braun ist. Beiseite legen.
d) In derselben Pfanne Pilze und Knoblauch anbraten, bis die Pilze ihre Feuchtigkeit abgeben und goldbraun werden.
e) Gehackten Spinat zur Pilzmischung geben und kochen, bis er zusammenfällt. Lassen Sie die Mischung abkühlen.
f) Das angebratene Rinderfilet mit Dijon-Senf bestreichen.
g) Legen Sie die Prosciutto-Scheiben leicht überlappend auf eine Frischhaltefolie.
h) Die Pilz-Spinat-Mischung auf dem Prosciutto verteilen.
i) Legen Sie das Rindfleisch darauf und rollen Sie die Prosciutto-Pilz-Mischung um das Rindfleisch herum, sodass ein Klotz entsteht.
j) Rollen Sie den Blätterteig aus, wickeln Sie das Rinderscheit ein und verschließen Sie die Ränder.
k) Bestreichen Sie den Teig mit Eigelb, um ihm ein goldenes Finish zu verleihen.
l) Legen Sie das eingewickelte Rindfleisch auf ein Backblech und backen Sie es 25 bis 30 Minuten lang oder bis der Teig goldbraun ist.
m) Lassen Sie das Beef Wellington einige Minuten ruhen, bevor Sie es in Scheiben schneiden. Mit Ihrer Lieblingssauce servieren und genießen!

14. Pastinake und Steinpilz Wellington

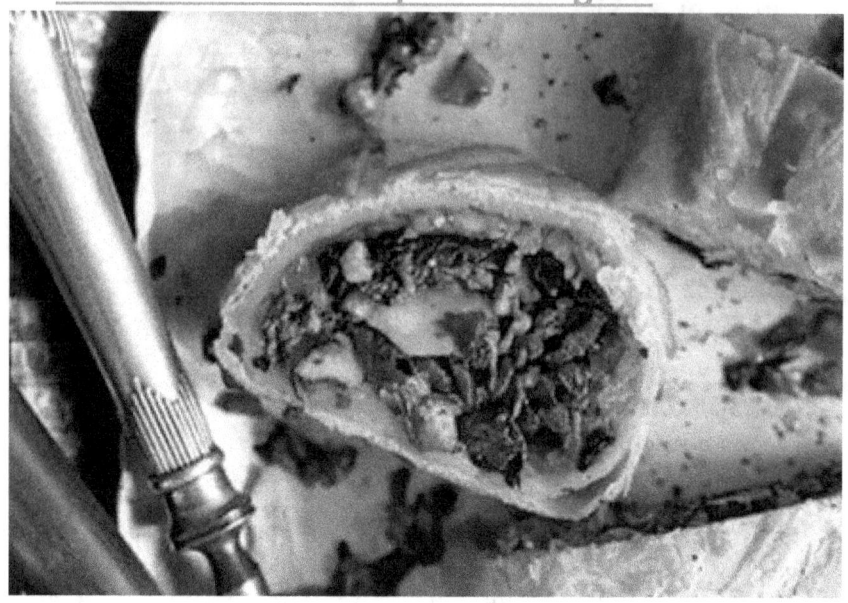

ZUTATEN:
- 2 Tassen getrocknete Steinpilze
- 1 Tasse kochendes Wasser
- 2 EL Olivenöl
- 1 Zwiebel, fein gehackt
- 3 Knoblauchzehen, gehackt
- 4 Pastinaken, geschält und gerieben
- 1 Tasse Semmelbrösel
- 1/2 Tasse frische Petersilie, gehackt
- Salz und schwarzer Pfeffer nach Geschmack
- Blätterteigblätter
- 1 Ei (zum Waschen der Eier)

ANWEISUNGEN:

a) Heizen Sie den Ofen auf 400 °F (200 °C) vor.
b) Getrocknete Steinpilze in eine Schüssel geben und mit kochendem Wasser bedecken. 20 Minuten einweichen lassen, dann abtropfen lassen und hacken.
c) In einer Pfanne Olivenöl erhitzen und Zwiebeln und Knoblauch anbraten, bis sie weich sind.
d) Geriebene Pastinaken in die Pfanne geben und kochen, bis sie ihre Feuchtigkeit abgeben und zart werden.
e) Gehackte Steinpilze, Semmelbrösel und frische Petersilie unterrühren. Mit Salz und schwarzem Pfeffer würzen. Lassen Sie die Mischung abkühlen.
f) Den Blätterteig ausrollen und die Pastinaken-Steinpilz-Mischung darauf verteilen.
g) Legen Sie die Pastinaken-Steinpilz-Mischung in die Mitte des Teigs und lassen Sie an den Rändern Platz.
h) Falten Sie den Teig über die Füllung und verschließen Sie die Ränder. Bei Bedarf können Sie darüber ein Gittermuster erstellen.
i) Bestreichen Sie den Teig mit Eigelb, um ihm ein goldenes Finish zu verleihen.
j) Legen Sie den eingewickelten Wellington auf ein Backblech und backen Sie ihn 25 bis 30 Minuten lang oder bis der Teig goldbraun ist.
k) Lassen Sie die Pastinaken und Steinpilze Wellington einige Minuten abkühlen, bevor Sie sie in Scheiben schneiden. Mit einer Beilage Ihrer Lieblingssauce oder Ihres Lieblings-Chutneys servieren. Genießen!

15. Veganes Pilz-Wellington

ZUTATEN:
- 2 EL Olivenöl
- 1 Zwiebel, fein gehackt
- 3 Knoblauchzehen, gehackt
- 1 Pfund gemischte Pilze (wie Cremini , Shiitake und Austern), fein gehackt
- 1 Tasse Spinat, gehackt
- 1/2 Tasse Walnüsse, gehackt
- 1 EL Sojasauce
- 1 TL Thymian, getrocknet
- Salz und schwarzer Pfeffer nach Geschmack
- Blätterteigblätter
- 1 EL Pflanzenmilch (zum Bestreichen)
- Sesamsamen (optional, zum Garnieren)

ANWEISUNGEN:

a) Heizen Sie den Ofen auf 400 °F (200 °C) vor.
b) In einer Pfanne Olivenöl erhitzen und Zwiebeln und Knoblauch anbraten, bis sie weich sind.
c) Gehackte Pilze in die Pfanne geben und kochen, bis die Feuchtigkeit verdunstet ist.
d) Spinat, Walnüsse, Sojasauce, Thymian, Salz und schwarzen Pfeffer unterrühren. Kochen, bis der Spinat zusammenfällt. Lassen Sie die Mischung abkühlen.
e) Den Blätterteig ausrollen und die Pilzmischung darauf verteilen.
f) Geben Sie die Pilzmischung in die Mitte des Teigs und lassen Sie an den Rändern Platz.
g) Falten Sie den Teig über die Füllung und verschließen Sie die Ränder. Bei Bedarf können Sie darüber ein Gittermuster erstellen.
h) Bestreichen Sie den Teig mit pflanzlicher Milch, um ihm ein goldenes Finish zu verleihen. Optional Sesam darüber streuen.
i) Legen Sie den eingewickelten Wellington auf ein Backblech und backen Sie ihn 25 bis 30 Minuten lang oder bis der Teig goldbraun ist.
j) Lassen Sie den Vegan Mushroom Wellington einige Minuten abkühlen, bevor Sie ihn in Scheiben schneiden. Mit einer Beilage veganer Soße oder Ihrer Lieblingssauce servieren. Genießen Sie diese köstliche und pflanzliche Variante!

16. Veganer Miso-Pilz, Kürbis und Kastanien-Wellington

ZUTATEN:
- 2 EL Olivenöl
- 1 Zwiebel, fein gehackt
- 3 Knoblauchzehen, gehackt
- 1 Pfund gemischte Pilze (wie Shiitake, Cremini und Austern), fein gehackt
- 1 Tasse Butternusskürbis, gewürfelt
- 1 Tasse Kastanien, gekocht und gehackt
- 2 EL Misopaste
- 1 EL Sojasauce
- 1 TL Thymian, getrocknet
- Salz und schwarzer Pfeffer nach Geschmack
- Blätterteigblätter
- 1 EL Pflanzenmilch (zum Bestreichen)
- Sesamsamen (optional, zum Garnieren)

ANWEISUNGEN:

a) Heizen Sie den Ofen auf 400 °F (200 °C) vor.
b) In einer Pfanne Olivenöl erhitzen und Zwiebeln und Knoblauch anbraten, bis sie weich sind.
c) Gehackte Pilze in die Pfanne geben und kochen, bis die Feuchtigkeit verdunstet ist.
d) Gewürfelten Butternusskürbis, Kastanien, Misopaste, Sojasauce, Thymian, Salz und schwarzen Pfeffer unterrühren. Kochen, bis der Kürbis weich ist. Lassen Sie die Mischung abkühlen.
e) Den Blätterteig ausrollen und die Mischung aus Pilzen, Kürbis und Kastanien darauf verteilen.
f) Legen Sie die Füllung in die Mitte des Teigs und lassen Sie an den Rändern Platz.
g) Falten Sie den Teig über die Füllung und verschließen Sie die Ränder. Bei Bedarf können Sie darüber ein Gittermuster erstellen.
h) Bestreichen Sie den Teig mit pflanzlicher Milch, um ihm ein goldenes Finish zu verleihen. Optional Sesam darüber streuen.
i) Legen Sie den eingewickelten Wellington auf ein Backblech und backen Sie ihn 25 bis 30 Minuten lang oder bis der Teig goldbraun ist.
j) Lassen Sie den veganen Miso-Pilz, den Kürbis und das Kastanien-Wellington einige Minuten abkühlen, bevor Sie ihn in Scheiben schneiden.
k) Mit einer Beilage veganer Soße oder Ihrer Lieblingssauce servieren. Genießen Sie dieses geschmackvolle und pflanzliche Wellington!

17. Blumenkohl Wellington

ZUTATEN:
- 1 großer Blumenkohlkopf
- 2 EL Olivenöl
- 1 Zwiebel, fein gehackt
- 3 Knoblauchzehen, gehackt
- 1 Tasse Champignons, fein gehackt
- 1 Tasse Semmelbrösel
- 1 Tasse Spinat, gehackt
- 1 EL Dijon-Senf
- Blätterteigblätter
- 1 EL Pflanzenmilch (zum Bestreichen)
- Sesamsamen (optional, zum Garnieren)

ANWEISUNGEN:

a) Heizen Sie den Ofen auf 400 °F (200 °C) vor.
b) Entfernen Sie die Blätter und den Stiel vom Blumenkohl und lassen Sie den Kopf intakt.
c) Den ganzen Blumenkohl dünsten, bis er leicht zart, aber nicht zu weich ist.
d) In einer Pfanne Olivenöl erhitzen und Zwiebeln und Knoblauch anbraten, bis sie weich sind.
e) Gehackte Pilze in die Pfanne geben und kochen, bis die Feuchtigkeit verdunstet ist.
f) Semmelbrösel und Spinat untermischen, bis die Mischung gut vermischt ist . Lassen Sie es abkühlen.
g) Den gedünsteten Blumenkohl mit Dijon-Senf bestreichen.
h) Den Blätterteig ausrollen, den Blumenkohl in die Mitte legen und mit der Pilz-Spinat-Mischung bedecken.
i) Falten Sie den Teig über den Blumenkohl und verschließen Sie die Ränder. Bei Bedarf können Sie darüber ein Gittermuster erstellen.
j) Bestreichen Sie den Teig mit pflanzlicher Milch, um ihm ein goldenes Finish zu verleihen. Optional Sesam darüber streuen.
k) Legen Sie den eingewickelten Wellington auf ein Backblech und backen Sie ihn 25 bis 30 Minuten lang oder bis der Teig goldbraun ist.
l) Lassen Sie den Blumenkohl-Wellington einige Minuten abkühlen, bevor Sie ihn in Scheiben schneiden. Mit einer Beilage veganer Soße oder Ihrer Lieblingssauce servieren. Genießen Sie dieses köstliche und herzhafte vegane Gericht!

18. Lamm-Wellingtons mit Quinoa-Kräuter-Füllung

ZUTATEN:
- 4 Lammkoteletts
- Salz und schwarzer Pfeffer nach Geschmack
- 2 EL Olivenöl
- 1 Tasse Quinoa, gekocht
- 1 Zwiebel, fein gehackt
- 3 Knoblauchzehen, gehackt
- 1/2 Tasse gemischte Kräuter (wie Petersilie, Minze und Thymian), gehackt
- Schale einer Zitrone
- Blätterteigblätter
- 1 Ei (zum Waschen der Eier)

ANWEISUNGEN:
a) Heizen Sie den Ofen auf 400 °F (200 °C) vor.
b) Lammkoteletts mit Salz und schwarzem Pfeffer würzen.
c) In einer Pfanne Olivenöl erhitzen und die Lammkoteletts darin scharf anbraten, bis sie von allen Seiten braun sind. Beiseite legen.
d) In derselben Pfanne Zwiebeln und Knoblauch anbraten, bis sie weich sind.
e) In einer Schüssel gekochtes Quinoa, sautierte Zwiebeln, Knoblauch, gemischte Kräuter und Zitronenschale vermischen. Lassen Sie die Mischung abkühlen.
f) Den Blätterteig ausrollen und auf jedes Lammkotelett eine Portion der Quinoa-Kräuter-Füllung geben.
g) Legen Sie jedes Lammkotelett auf den Teig, wickeln Sie den Teig dann um das Lamm und verschließen Sie die Ränder.
h) Bestreichen Sie den Teig mit Eigelb, um ihm ein goldenes Finish zu verleihen.
i) Legen Sie die eingewickelten Lamm-Wellingtons auf ein Backblech und backen Sie sie 20–25 Minuten lang oder bis der Teig goldbraun ist.
j) Lassen Sie die Lamm-Wellingtons mit Quinoa-Kräuter-Füllung vor dem Servieren einige Minuten ruhen. Genießen Sie diese geschmackvollen und eleganten Wellingtons!

19.Individuelle Beef Wellingtons

ZUTATEN:
- 4 Rinderfiletsteaks (je 6 oz)
- Salz und schwarzer Pfeffer nach Geschmack
- 2 EL Olivenöl
- 1 Pfund Pilze, fein gehackt
- 2 Knoblauchzehen, gehackt
- 1/4 Tasse trockener Weißwein
- 2 EL Dijon-Senf
- 8 Scheiben Prosciutto
- Blätterteigblätter
- 1 Ei (zum Waschen der Eier)

ANWEISUNGEN:

a) Den Ofen auf 220 °C (425 °F) vorheizen.
b) Die Rinderfiletsteaks mit Salz und schwarzem Pfeffer würzen.
c) In einer heißen Pfanne die Steaks in Olivenöl anbraten, bis sie von allen Seiten braun sind. Beiseite legen.
d) In die gleiche Pfanne gehackte Pilze und Knoblauch geben. Kochen, bis die Pilze ihre Feuchtigkeit abgeben.
e) Den Weißwein angießen und kochen, bis die Flüssigkeit verdampft ist. Vom Herd nehmen und die Mischung abkühlen lassen.
f) Jedes Steak mit Dijon-Senf bestreichen.
g) Legen Sie die Prosciutto-Scheiben leicht überlappend auf eine Frischhaltefolie.
h) Eine Schicht der Pilzmischung auf dem Prosciutto verteilen.
i) Legen Sie ein Rinderfiletsteak darauf und rollen Sie die Prosciutto-Pilz-Mischung rund um das Steak, sodass einzelne Päckchen entstehen.
j) Blätterteig ausrollen, jedes Rindfleischstück einwickeln und die Ränder verschließen.
k) Bestreichen Sie den Teig mit Eigelb, um ihm ein goldenes Finish zu verleihen.
l) Legen Sie die einzelnen Beef Wellingtons auf ein Backblech und backen Sie sie 20–25 Minuten lang oder bis der Teig goldbraun ist.
m) Lassen Sie die einzelnen Beef Wellingtons vor dem Servieren einige Minuten ruhen.
n) Mit Ihrer Lieblingssoße servieren, zum Beispiel einer Rotweinreduktion oder einer Pilzsoße.

20. Mini-Rindfleisch und Prosciutto Wellington

ZUTATEN:
- 8 Rinderfiletmedaillons (ca. 5 cm Durchmesser)
- Salz und schwarzer Pfeffer nach Geschmack
- 1 EL Olivenöl
- 1 Tasse Champignons, fein gehackt
- 1 Knoblauchzehe, gehackt
- 2 EL Rotwein
- 2 EL Dijon-Senf
- 8 Scheiben Prosciutto
- Blätterteigblätter
- 1 Ei (zum Waschen der Eier)

ANWEISUNGEN:

a) Den Ofen auf 220 °C (425 °F) vorheizen.
b) Die Rinderfiletmedaillons mit Salz und schwarzem Pfeffer würzen.
c) In einer Pfanne Olivenöl erhitzen und die Medaillons darin von allen Seiten braun anbraten. Beiseite legen.
d) In die gleiche Pfanne gehackte Pilze und Knoblauch geben. Kochen, bis die Pilze ihre Feuchtigkeit abgeben.
e) Mit Rotwein aufgießen und kochen, bis die Flüssigkeit verdampft ist. Vom Herd nehmen und die Mischung abkühlen lassen.
f) Jedes Rindermedaillon mit Dijon-Senf bestreichen.
g) Legen Sie die Prosciutto-Scheiben leicht überlappend auf eine Frischhaltefolie.
h) Eine Schicht der Pilzmischung auf dem Prosciutto verteilen.
i) Legen Sie ein Rindermedaillon darauf und rollen Sie die Prosciutto-Pilz-Mischung um das Medaillon herum, sodass kleine Päckchen entstehen.
j) Den Blätterteig ausrollen und jeden Mini-Beef Wellington einwickeln, dabei die Ränder verschließen.
k) Bestreichen Sie den Teig mit Eigelb, um ihm ein goldenes Finish zu verleihen.
l) Legen Sie die Mini-Beef Wellingtons auf ein Backblech und backen Sie sie 15–20 Minuten lang oder bis der Teig goldbraun ist.
m) Lassen Sie die Mini Beef Wellingtons vor dem Servieren einige Minuten ruhen. Als elegante Vorspeise oder köstlicher Partysnack servieren.
n) Genießen Sie diese mundgerechten Leckereien!

21. Hackfleisch Wellington

ZUTATEN:
- 1 Pfund Rinderhackfleisch
- Salz und schwarzer Pfeffer nach Geschmack
- 1 EL Olivenöl
- 1 Zwiebel, fein gehackt
- 2 Knoblauchzehen, gehackt
- 1 Tasse Champignons, fein gehackt
- 2 EL Worcestershire-Sauce
- 2 EL Dijon-Senf
- 1/2 Tasse Semmelbrösel
- Blätterteigblätter
- 1 Ei (zum Waschen der Eier)

ANWEISUNGEN:
a) Heizen Sie den Ofen auf 400 °F (200 °C) vor.
b) In einer Pfanne Olivenöl erhitzen und Zwiebeln und Knoblauch anbraten, bis sie weich sind.
c) Hackfleisch in die Pfanne geben und anbraten, bis es braun ist. Mit Salz und schwarzem Pfeffer würzen.
d) Gehackte Pilze zur Rindfleischmischung geben und kochen, bis die Pilze ihre Feuchtigkeit abgeben.
e) Worcestershire-Sauce, Dijon-Senf und Semmelbrösel unterrühren. Lassen Sie die Mischung abkühlen.
f) Den Blätterteig ausrollen und die Hackfleischmischung darauf verteilen.
g) Falten Sie den Teig über die Füllung und verschließen Sie die Ränder. Bei Bedarf können Sie darüber ein Gittermuster erstellen.
h) Bestreichen Sie den Teig mit Eigelb, um ihm ein goldenes Finish zu verleihen.
i) Legen Sie das eingewickelte Hackfleisch-Wellington auf ein Backblech und backen Sie es 25–30 Minuten lang oder bis der Teig goldbraun ist.
j) Lassen Sie das Hackfleisch Wellington einige Minuten abkühlen, bevor Sie es in Scheiben schneiden. Mit Ihrer Lieblingssauce oder Soße servieren. Genießen Sie diese vereinfachte Version des klassischen Wellington!

22. Beef Wellington mit kreolischer Pilzmischung

ZUTATEN:
- 1,5 kg Rinderfilet
- Salz und schwarzer Pfeffer nach Geschmack
- 2 EL Olivenöl
- 1 Tasse Cremini- Pilze, fein gehackt
- 1 Tasse Shiitake-Pilze, fein gehackt
- 1 Tasse Austernpilze, fein gehackt
- 1 Zwiebel, fein gehackt
- 2 Knoblauchzehen, gehackt
- 1 TL Thymian, getrocknet
- 1 TL Paprika
- 1/2 TL Cayennepfeffer (nach Geschmack anpassen)
- 2 EL Worcestershire-Sauce
- Blätterteigblätter
- dijon Senf
- 1 Ei (zum Waschen der Eier)

ANWEISUNGEN:

a) Den Ofen auf 220 °C (425 °F) vorheizen.
b) Das Rinderfilet mit Salz und schwarzem Pfeffer würzen.
c) In einer heißen Pfanne das Rindfleisch in Olivenöl anbraten, bis es von allen Seiten braun ist. Beiseite legen.
d) In derselben Pfanne Zwiebeln und Knoblauch anbraten, bis sie weich sind.
e) Cremini , Shiitake und Austernpilze in die Pfanne geben . Kochen, bis die Pilze ihre Feuchtigkeit abgeben.
f) Thymian, Paprika, Cayennepfeffer und Worcestershire-Sauce unterrühren. Kochen, bis die Mischung gut vermischt ist . Lassen Sie es abkühlen.
g) Blätterteig ausrollen und Dijon-Senf über das Rindfleisch verteilen.
h) Geben Sie die Pilzmischung gleichmäßig auf das Rindfleisch und bedecken Sie es.
i) Wickeln Sie das Rindfleisch in den Blätterteig und verschließen Sie die Ränder. Bei Bedarf können Sie darüber ein Gittermuster erstellen.

j) Bestreichen Sie den Teig mit Eigelb, um ihm ein goldenes Finish zu verleihen.
k) Legen Sie das eingewickelte Beef Wellington auf ein Backblech und backen Sie es 25–30 Minuten lang oder bis der Teig goldbraun ist.
l) Lassen Sie den Beef Wellington mit kreolischer Pilzmischung einige Minuten ruhen, bevor Sie ihn in Scheiben schneiden.

23. Sous Vide Beef Wellington

ZUTATEN:
- 4 Rinderfiletsteaks (je 6 oz)
- Salz und schwarzer Pfeffer nach Geschmack
- 2 EL Olivenöl
- Für das Sous Vide:
- 1 EL Olivenöl
- Frische Thymianzweige
- Knoblauchzehen, zerdrückt
- 1 Tasse Cremini- Pilze, fein gehackt
- 1 Tasse Shiitake-Pilze, fein gehackt
- 1 Tasse Austernpilze, fein gehackt
- 1 Zwiebel, fein gehackt
- 2 Knoblauchzehen, gehackt
- 1 TL Thymian, getrocknet
- 1 TL Paprika
- 1/2 TL Cayennepfeffer (nach Geschmack anpassen)
- 2 EL Worcestershire-Sauce
- Blätterteigblätter
- dijon Senf
- 1 Ei (zum Waschen der Eier)

ANWEISUNGEN:
SOUS-VIDE-ZUBEREITUNG:
a) Heizen Sie das Sous-Vide-Bad auf den gewünschten Gargrad für das Rinderfilet vor (z. B. 130 °F / 54 °C für Medium-Rare).
b) Die Rinderfiletsteaks mit Salz und schwarzem Pfeffer würzen. Legen Sie sie in Sous-Vide-Beutel mit Olivenöl, frischem Thymian und zerdrückten Knoblauchzehen.
c) Garen Sie das Rindfleisch je nach gewünschtem Gargrad 1,5 bis 4 Stunden lang im Sous-vide-Bad.

PILZMISCHUNG:
d) In einer Pfanne Olivenöl erhitzen und Zwiebeln und Knoblauch anbraten, bis sie weich sind.
e) Cremini , Shiitake und Austernpilze in die Pfanne geben . Kochen, bis die Pilze ihre Feuchtigkeit abgeben.

f) Thymian, Paprika, Cayennepfeffer und Worcestershire-Sauce unterrühren. Kochen, bis die Mischung gut vermischt ist . Lassen Sie es abkühlen.

ZUSAMMENBAUEN UND BACKEN:

g) Den Ofen auf 220 °C (425 °F) vorheizen.
h) Das Rinderfilet aus den Sous-Vide-Beuteln nehmen und trocken tupfen.
i) Blätterteig ausrollen und Dijon-Senf über das Rindfleisch verteilen.
j) Geben Sie die Pilzmischung gleichmäßig auf das Rindfleisch und bedecken Sie es.
k) Wickeln Sie das Rindfleisch in den Blätterteig und verschließen Sie die Ränder. Bei Bedarf können Sie darüber ein Gittermuster erstellen.
l) Bestreichen Sie den Teig mit Eigelb, um ihm ein goldenes Finish zu verleihen.
m) Legen Sie das eingewickelte Beef Wellington auf ein Backblech und backen Sie es 25–30 Minuten lang oder bis der Teig goldbraun ist.
n) Lassen Sie das Sous Vide Beef Wellington einige Minuten ruhen, bevor Sie es in Scheiben schneiden. Mit einer Beilage Ihrer Lieblingssauce oder einer Rotweinreduktion servieren. Genießen Sie diese gehobene Version des klassischen Beef Wellington!

24.Beef Wellington Pot Pie

ZUTATEN:
- 1,5 kg Rinderfilet, gewürfelt
- Salz und schwarzer Pfeffer nach Geschmack
- 2 EL Olivenöl
- 1 Zwiebel, fein gehackt
- 2 Knoblauchzehen, gehackt
- 1 Tasse Cremini- Pilze, in Scheiben geschnitten
- 1 Tasse Karotten, gewürfelt
- 1 Tasse gefrorene Erbsen
- 1/4 Tasse Allzweckmehl
- 1 Tasse Rinderbrühe
- 1/2 Tasse Rotwein
- 1 TL Thymian, getrocknet
- 1 Packung Blätterteigblätter
- dijon Senf
- 1 Ei (zum Waschen der Eier)

ANWEISUNGEN:
a) Heizen Sie den Ofen auf 400 °F (200 °C) vor.
b) Die Rindfleischwürfel mit Salz und schwarzem Pfeffer würzen.
c) In einer großen Pfanne Olivenöl bei mittlerer bis hoher Hitze erhitzen. Die Rindfleischwürfel scharf anbraten, bis sie von allen Seiten braun sind. Herausnehmen und beiseite stellen.
d) In derselben Pfanne Zwiebeln, Knoblauch, Pilze und Karotten hinzufügen. Anbraten, bis das Gemüse weich ist .
e) Streuen Sie Mehl über das Gemüse und rühren Sie es um. 1-2 Minuten kochen lassen, um den rohen Geschmack des Mehls zu entfernen.
f) Rinderbrühe und Rotwein langsam zugießen, dabei ständig umrühren, um Klümpchen zu vermeiden. Zum Kochen bringen und eindicken lassen.
g) Das angebratene Rindfleisch wieder in die Pfanne geben. Gefrorene Erbsen und getrockneten Thymian unterrühren. Einige Minuten köcheln lassen, bis die Mischung eine eintopfartige Konsistenz hat.

h) Rollen Sie den Blätterteig aus und schneiden Sie ihn je nach Größe Ihrer Servierschüsseln in Runden oder Quadrate.
i) Die Rindfleischfüllung in einzelne ofenfeste Töpfe oder eine Auflaufform füllen.
j) Verteilen Sie eine dünne Schicht Dijon-Senf auf der Rindfleischmischung.
k) Legen Sie die Blätterteigrunden oder -quadrate auf die Füllung und drücken Sie die Ränder fest, um sie zu verschließen.
l) Schlagen Sie das Ei auf und streichen Sie es über den Blätterteig, um ihm eine goldene Note zu verleihen.
m) Im vorgeheizten Ofen 20–25 Minuten backen oder bis der Teig goldbraun und aufgebläht ist.
n) Lassen Sie die Beef Wellington Pot Pies vor dem Servieren einige Minuten abkühlen. Genießen Sie den wohltuenden und aromatischen Pot Pie mit dem gewissen Etwas!

25. Wellington-Häppchen vom Rind

ZUTATEN:
- 1 Pfund Rinderfilet, in kleine Würfel schneiden
- Salz und schwarzer Pfeffer nach Geschmack
- 2 EL Olivenöl
- 1 Tasse Cremini- Pilze, fein gehackt
- 1 Zwiebel, fein gehackt
- 2 Knoblauchzehen, gehackt
- 1 EL Dijon-Senf
- 1 Packung Blätterteigblätter
- 1 Ei (zum Waschen der Eier)

ANWEISUNGEN:

a) Heizen Sie den Ofen auf 400 °F (200 °C) vor.
b) Die Rindfleischwürfel mit Salz und schwarzem Pfeffer würzen.
c) In einer Pfanne Olivenöl bei mittlerer bis hoher Hitze erhitzen. Die Rindfleischwürfel scharf anbraten, bis sie von allen Seiten braun sind. Herausnehmen und beiseite stellen.
d) In derselben Pfanne Zwiebeln, Knoblauch und Pilze hinzufügen. Anbraten, bis die Pilze ihre Feuchtigkeit abgeben und die Mischung duftet.
e) Eine dünne Schicht Dijon-Senf auf jede Seite der angebratenen Rindfleischwürfel streichen.
f) Den Blätterteig ausrollen und je nach Vorliebe in kleine Quadrate oder Kreise schneiden.
g) Geben Sie einen Löffel der Pilzmischung in die Mitte jedes Teigquadrats.
h) Legen Sie einen mit Dijon panierten Rindfleischwürfel auf die Pilzmischung.
i) Falten Sie den Teig über das Rindfleisch und verschließen Sie die Ränder, sodass mundgerechte Wellingtons entstehen.
j) Schlagen Sie das Ei auf und streichen Sie es über den Blätterteig, um ihm eine goldene Note zu verleihen.
k) Legen Sie die Beef Wellington Bites auf ein Backblech und backen Sie sie 15–20 Minuten lang oder bis der Teig goldbraun und aufgebläht ist.
l) Lassen Sie die Häppchen vor dem Servieren einige Minuten abkühlen. Ordnen Sie sie auf einer Platte an und genießen Sie diese eleganten, mundgerechten Leckereien!

26. Beef Wellington des armen Mannes

ZUTATEN:
- 1,5 kg Rinderhackbraten, getrimmt
- Salz und schwarzer Pfeffer nach Geschmack
- 2 EL Olivenöl
- 1 Zwiebel, fein gehackt
- 2 Knoblauchzehen, gehackt
- 1 Tasse Champignons, fein gehackt
- 1 EL Worcestershire-Sauce
- Blätterteigblätter
- dijon Senf
- 1 Ei (zum Waschen der Eier)

ANWEISUNGEN:

a) Heizen Sie den Ofen auf 400 °F (200 °C) vor.
b) Den Rinderhackbraten mit Salz und schwarzem Pfeffer würzen.
c) In einer großen ofenfesten Pfanne Olivenöl bei mittlerer bis hoher Hitze erhitzen. Den Rinderhackbraten scharf anbraten, bis er von allen Seiten gebräunt ist. Herausnehmen und beiseite stellen.
d) In derselben Pfanne Zwiebeln, Knoblauch und Pilze hinzufügen. Anbraten, bis die Pilze ihre Feuchtigkeit abgeben und die Mischung duftet.
e) Worcestershire-Sauce einrühren und weitere 2–3 Minuten kochen lassen. Lassen Sie die Mischung abkühlen.
f) Blätterteig ausrollen und eine Schicht Dijon-Senf auf dem Rinderhackbraten verteilen.
g) Die Pilzmischung auf das Rindfleisch legen.
h) Die Rindfleisch-Pilz-Mischung mit dem Blätterteig umwickeln und die Ränder verschließen. Bei Bedarf können Sie darüber ein Gittermuster erstellen.
i) Schlagen Sie das Ei auf und streichen Sie es über den Blätterteig, um ihm eine goldene Note zu verleihen.
j) Stellen Sie die Pfanne in den vorgeheizten Ofen und backen Sie sie 40–50 Minuten lang oder bis der Teig goldbraun und das Rindfleisch nach Ihren Wünschen gegart ist.
k) Lassen Sie das Poor Man's Beef Wellington einige Minuten ruhen, bevor Sie es in Scheiben schneiden.
l) Servieren Sie Scheiben dieser preisgünstigen Version von Beef Wellington zu Ihren Lieblingsbeilagen. Es ist eine köstliche und kostengünstigere Variante des klassischen Gerichts!

27. Fleischbällchen Wellington

ZUTATEN:
FÜR DIE FLEISCHBÄLLCHEN:
- 1 Pfund Rinderhackfleisch
- 1/2 Tasse Semmelbrösel
- 1/4 Tasse geriebener Parmesankäse
- 1/4 Tasse Milch
- 1 Ei
- 2 Knoblauchzehen, gehackt
- 1 TL getrockneter Oregano
- Salz und schwarzer Pfeffer nach Geschmack

FÜR DIE PILZ-DUXELLES:
- 2 Tassen Champignons, fein gehackt
- 2 EL Butter
- 2 Knoblauchzehen, gehackt
- Salz und schwarzer Pfeffer nach Geschmack
- 2 EL gehackte frische Petersilie

ZUR MONTAGE:
- Blätterteigblätter
- dijon Senf
- 1 Ei (zum Waschen der Eier)

ANWEISUNGEN:
FÜR DIE FLEISCHBÄLLCHEN:
a) Heizen Sie den Ofen auf 400 °F (200 °C) vor.
b) In einer Schüssel Rinderhackfleisch, Semmelbrösel, Parmesankäse, Milch, Ei, gehackten Knoblauch, getrockneten Oregano, Salz und schwarzen Pfeffer vermischen. Gut mischen.
c) Aus der Mischung Fleischbällchen formen und auf ein Backblech legen.
d) Im vorgeheizten Ofen 15–20 Minuten backen oder bis die Fleischbällchen gar sind.

FÜR DIE PILZ-DUXELLES:
e) In einer Pfanne Butter bei mittlerer Hitze schmelzen. Gehackte Pilze und gehackten Knoblauch hinzufügen.
f) Kochen Sie die Pilze, bis sie ihre Feuchtigkeit abgeben und goldbraun werden.

g) Mit Salz und schwarzem Pfeffer würzen und gehackte frische Petersilie unterrühren. Zum Abkühlen beiseite stellen.

ZUR MONTAGE:

h) Blätterteig ausrollen und in Quadrate schneiden, eines für jedes Fleischbällchen.
i) Auf jedes Quadrat eine dünne Schicht Dijon-Senf streichen.
j) Geben Sie einen Löffel der Pilz- Duxelles in die Mitte jedes Quadrats.
k) Legen Sie einen gebackenen Fleischbällchen auf die Pilzmischung.
l) Falten Sie den Blätterteig über das Fleischbällchen und verschließen Sie die Ränder. Bei Bedarf können Sie darüber ein Gittermuster erstellen.
m) Schlagen Sie das Ei auf und streichen Sie es über den Blätterteig, um ihm eine goldene Note zu verleihen.
n) Legen Sie die Meatball Wellingtons auf ein Backblech und backen Sie sie 20–25 Minuten lang oder bis der Teig goldbraun ist.

28.Luftfritteuse Hackfleisch Wellington

ZUTATEN:
- 1 Pfund Rinderhackfleisch
- Salz und schwarzer Pfeffer nach Geschmack
- 1 EL Olivenöl
- 1 Zwiebel, fein gehackt
- 2 Knoblauchzehen, gehackt
- 1 Tasse Champignons, fein gehackt
- 1 EL Worcestershire-Sauce
- Blätterteigblätter
- dijon Senf
- 1 Ei (zum Waschen der Eier)

ANWEISUNGEN:
a) Heizen Sie Ihre Heißluftfritteuse auf 190 °C (375 °F) vor.
b) In einer Pfanne Olivenöl bei mittlerer bis hoher Hitze erhitzen. Zwiebeln, Knoblauch und Pilze hinzufügen. Anbraten, bis die Pilze ihre Feuchtigkeit abgeben und die Mischung duftet.
c) Hackfleisch in die Pfanne geben und anbraten, bis es braun ist. Mit Salz und schwarzem Pfeffer würzen.
d) Worcestershire-Sauce einrühren und weitere 2–3 Minuten kochen lassen. Lassen Sie die Mischung abkühlen.
e) Blätterteig ausrollen und eine Schicht Dijon-Senf auf der Hackfleischmischung verteilen.
f) Die abgekühlte Hackfleischmischung auf den Blätterteig legen.
g) Wickeln Sie die Hackfleischmischung mit dem Blätterteig ein und verschließen Sie die Ränder. Bei Bedarf können Sie darüber ein Gittermuster erstellen.
h) Schlagen Sie das Ei auf und streichen Sie es über den Blätterteig, um ihm eine goldene Note zu verleihen.
i) Legen Sie das verpackte Hackfleisch Wellington in den Heißluftfritteusenkorb.
j) 15–20 Minuten an der Luft braten, bis der Blätterteig goldbraun ist.
k) Lassen Sie das Hackfleisch Wellington einige Minuten abkühlen, bevor Sie es in Scheiben schneiden.

29. Brassen-Wellington mit Blumenkohl, Gurke und Rettich

ZUTATEN:
- 4 Brassenfilets
- Salz und schwarzer Pfeffer nach Geschmack
- 2 EL Olivenöl
- 1 Blumenkohl, in Röschen geschnitten
- 1 Gurke, in dünne Scheiben geschnitten
- 1 Bund Radieschen, in dünne Scheiben geschnitten
- 2 EL Dijon-Senf
- Blätterteigblätter
- 1 Ei (zum Waschen der Eier)

ANWEISUNGEN:

a) Heizen Sie den Ofen auf 400 °F (200 °C) vor.
b) Die Brassenfilets mit Salz und schwarzem Pfeffer würzen.
c) In einer Pfanne Olivenöl bei mittlerer bis hoher Hitze erhitzen. Die Brassenfilets scharf anbraten, bis sie auf beiden Seiten leicht gebräunt sind. Beiseite legen.
d) In die gleiche Pfanne die Blumenkohlröschen geben und kochen, bis sie weich werden. Zum Abkühlen beiseite stellen.
e) Den Blätterteig ausrollen und jedes Brassenfilet mit Dijon-Senf bestreichen.
f) Auf jedes Teigblatt eine Schicht gebratenes Doradenfilet legen und an den Rändern etwas Platz lassen.
g) Blumenkohlröschen, Gurkenscheiben und Radieschenscheiben auf den Brassenfilets anrichten.
h) Falten Sie den Blätterteig über die Fisch-Gemüse-Füllung und verschließen Sie die Ränder. Bei Bedarf können Sie darüber ein Gittermuster erstellen.
i) Schlagen Sie das Ei auf und streichen Sie es über den Blätterteig, um ihm eine goldene Note zu verleihen.
j) Legen Sie die Brassen-Wellingtons auf ein Backblech und backen Sie sie 20–25 Minuten lang oder bis der Teig goldbraun ist.
k) Lassen Sie den Brassen-Wellington mit Blumenkohl, Gurke und Rettich einige Minuten ruhen, bevor Sie ihn servieren. Mit einer Beilage Ihrer Lieblingssauce oder einem leichten Kräuterdressing servieren. Genießen Sie dieses elegante und geschmackvolle Gericht!

30.Beef Wellington nach Texas-Art

ZUTATEN:

- 2 Pfund Rinderfilet
- Salz und schwarzer Pfeffer nach Geschmack
- 2 EL Olivenöl
- 1 Tasse karamellisierte Zwiebeln
- 1 Tasse gekochtes und gehacktes Bruststück (übrig geblieben oder im Laden gekauft)
- 1/4 Tasse Barbecuesauce
- Blätterteigblätter
- dijon Senf
- 1 Ei (zum Waschen der Eier)

ANWEISUNGEN:

a) Heizen Sie den Ofen auf 400 °F (200 °C) vor.

b) Das Rinderfilet mit Salz und schwarzem Pfeffer würzen.

c) In einer Pfanne Olivenöl bei mittlerer bis hoher Hitze erhitzen. Das Rinderfilet scharf anbraten, bis es von allen Seiten braun ist. Beiseite legen.

d) In derselben Pfanne karamellisierte Zwiebeln, gehacktes Bruststück und Barbecue-Sauce vermischen. Einige Minuten kochen lassen, bis sich die Aromen vermischen. Lassen Sie die Mischung abkühlen.

e) Blätterteig ausrollen und Dijon-Senf auf dem Rinderfilet verteilen.

f) Legen Sie eine Schicht der Mischung aus Rinderbrust und karamellisierten Zwiebeln auf das mit Senf bestrichene Rindfleisch.

g) Die Rindfleisch-Bruststück-Mischung mit dem Blätterteig umwickeln und die Ränder verschließen. Bei Bedarf können Sie darüber ein Gittermuster erstellen.

h) Schlagen Sie das Ei auf und streichen Sie es über den Blätterteig, um ihm eine goldene Note zu verleihen.

i) Legen Sie das eingewickelte Texas Style Beef Wellington auf ein Backblech und backen Sie es 25–30 Minuten lang oder bis der Teig goldbraun ist.

j) Lassen Sie das Texas Style Beef Wellington einige Minuten ruhen, bevor Sie es in Scheiben schneiden. Mit zusätzlicher Barbecue-Sauce als Beilage servieren. Genießen Sie diese texanische Variante des klassischen Beef Wellington mit den reichen Aromen von karamellisierten Zwiebeln und Rinderbrust!

31. Gemüse Wellington

ZUTATEN:

- 1 große Aubergine, in dünne Scheiben geschnitten
- 2 Zucchini, in dünne Streifen geschnitten
- 1 rote Paprika, in dünne Scheiben geschnitten
- 1 gelbe Paprika, in dünne Scheiben geschnitten
- 1 Tasse Kirschtomaten, halbiert
- 2 Tassen Spinat, gehackt
- 1 Tasse Feta-Käse, zerbröckelt
- 2 EL Olivenöl
- 2 Knoblauchzehen, gehackt
- Salz und schwarzer Pfeffer nach Geschmack
- Blätterteigblätter
- dijon Senf
- 1 Ei (zum Waschen der Eier)

ANWEISUNGEN:

a) Heizen Sie den Ofen auf 400 °F (200 °C) vor.
b) In einer Pfanne Olivenöl bei mittlerer Hitze erhitzen. Den gehackten Knoblauch hinzufügen und anbraten, bis er duftet.
c) Geschnittene Auberginen, Zucchini und Paprika in die Pfanne geben. Kochen, bis das Gemüse weich ist. Mit Salz und schwarzem Pfeffer würzen.
d) Gehackten Spinat und Kirschtomaten unterrühren. Kochen, bis der Spinat zusammenfällt und die Tomaten weich werden. Lassen Sie die Mischung abkühlen.
e) Blätterteig ausrollen und Dijon-Senf darüber verteilen.
f) Die gekochte Gemüsemischung auf den mit Senf bestreuten Teig legen.
g) Streuen Sie zerbröselten Feta-Käse über das Gemüse.
h) Falten Sie den Blätterteig über die Gemüse-Käse-Füllung und verschließen Sie die Ränder. Bei Bedarf können Sie darüber ein Gittermuster erstellen.
i) Schlagen Sie das Ei auf und streichen Sie es über den Blätterteig, um ihm eine goldene Note zu verleihen.
j) Legen Sie das eingewickelte Wellington-Gemüse auf ein Backblech und backen Sie es 25 bis 30 Minuten lang oder bis der Teig goldbraun ist.
k) Lassen Sie das Wellington-Gemüse einige Minuten abkühlen, bevor Sie es in Scheiben schneiden.

32. Jackalope Wellington

ZUTATEN:
- 2 Pfund Wild- oder Kaninchenfleisch, dünn zerstoßen
- Salz und schwarzer Pfeffer nach Geschmack
- 2 EL Olivenöl
- 1 Tasse Waldpilze (z. B. Morcheln oder Pfifferlinge), fein gehackt
- 1 Zwiebel, fein gehackt
- 2 Knoblauchzehen, gehackt
- 1/4 Tasse Rotwein
- Blätterteigblätter
- dijon Senf
- 1 Ei (zum Waschen der Eier)

ANWEISUNGEN:
a) Heizen Sie den Ofen auf 400 °F (200 °C) vor.
b) Das zerkleinerte Wild- oder Kaninchenfleisch mit Salz und schwarzem Pfeffer würzen.
c) In einer Pfanne Olivenöl bei mittlerer bis hoher Hitze erhitzen. Zwiebeln und Knoblauch anbraten, bis sie weich sind.
d) Die gehackten Waldpilze in die Pfanne geben und kochen, bis sie ihre Feuchtigkeit abgeben.
e) Mit Rotwein aufgießen und kochen, bis die Flüssigkeit verdampft ist. Lassen Sie die Mischung abkühlen.
f) Blätterteig ausrollen und Dijon-Senf auf dem Fleisch verteilen.
g) Eine Schicht der Pilzmischung auf das mit Senf bestrichene Fleisch legen.
h) Die Fleisch-Pilz-Mischung mit dem Blätterteig umwickeln und die Ränder verschließen. Bei Bedarf können Sie darüber ein Gittermuster erstellen.
i) Schlagen Sie das Ei auf und streichen Sie es über den Blätterteig, um ihm eine goldene Note zu verleihen.
j) Legen Sie den eingewickelten Jackalope Wellington auf ein Backblech und backen Sie ihn 25–30 Minuten lang oder bis der Teig goldbraun ist.
k) Lassen Sie den Jackalope Wellington einige Minuten ruhen, bevor Sie ihn in Scheiben schneiden. Mit einer Beilage Waldbeersauce oder Ihren Lieblingsbeilagen servieren. Genießen Sie dieses fantasievolle und geschmackvolle Gericht!

33.Italienisches Rindfleisch Wellington

ZUTATEN:
- 2 Pfund Rinderfilet
- Salz und schwarzer Pfeffer nach Geschmack
- 2 EL Olivenöl
- 1 Tasse Schinken, in dünne Scheiben geschnitten
- 1 Tasse Champignons, fein gehackt
- 1 Tasse Spinat, gehackt
- 1 Tasse Ricotta-Käse
- 2 Knoblauchzehen, gehackt
- 1 TL getrockneter Oregano
- Blätterteigblätter
- 1 Ei (zum Waschen der Eier)

ANWEISUNGEN:
a) Heizen Sie den Ofen auf 400 °F (200 °C) vor.
b) Das Rinderfilet mit Salz und schwarzem Pfeffer würzen.
c) In einer Pfanne Olivenöl bei mittlerer bis hoher Hitze erhitzen. Das Rinderfilet scharf anbraten, bis es von allen Seiten braun ist. Beiseite legen.
d) In derselben Pfanne Prosciutto hinzufügen und kochen, bis er leicht knusprig wird. Aus der Pfanne nehmen und beiseite stellen.
e) In derselben Pfanne Pilze und Knoblauch hinzufügen. Kochen, bis die Pilze ihre Feuchtigkeit abgeben.
f) Gehackten Spinat unterrühren und kochen, bis er zusammengefallen ist. Vom Herd nehmen und die Mischung abkühlen lassen.
g) Blätterteig ausrollen und eine Schicht Ricotta-Käse auf dem Rinderfilet verteilen.
h) Eine Schicht Prosciutto auf den Ricotta legen.
i) Die Pilz-Spinat-Mischung auf dem Prosciutto verteilen.
j) Falten Sie den Blätterteig über das geschichtete Rindfleisch und die Füllung und verschließen Sie die Ränder. Bei Bedarf können Sie darüber ein Gittermuster erstellen.
k) Schlagen Sie das Ei auf und streichen Sie es über den Blätterteig, um ihm eine goldene Note zu verleihen.

l) Legen Sie das eingewickelte Italian Beef Wellington auf ein Backblech und backen Sie es 25–30 Minuten lang oder bis der Teig goldbraun ist.
m) Lassen Sie das Italian Beef Wellington einige Minuten ruhen, bevor Sie es in Scheiben schneiden. Mit einer Beilage Marinara-Sauce oder Balsamico-Reduktion servieren.
n) Genießen Sie diese italienisch inspirierte Variante des klassischen Wellington!

34. Veggie-Linsen-Wellington

ZUTATEN:
FÜR DIE LINSENFÜLLUNG:
- 1 Tasse getrocknete grüne oder braune Linsen, gekocht
- 1 Zwiebel, fein gehackt
- 2 Knoblauchzehen, gehackt
- 1 Karotte, gerieben
- 1 Selleriestange, fein gehackt
- 1 Tasse Champignons, fein gehackt
- 1 TL getrockneter Thymian
- 1 TL getrockneter Rosmarin
- Salz und schwarzer Pfeffer nach Geschmack
- 2 EL Tomatenmark
- 1/2 Tasse Gemüsebrühe
- 1 Tasse frischer Spinat, gehackt

FÜR DAS WELLINGTON:
- Blätterteigblätter
- dijon Senf
- 1 Ei (zum Waschen der Eier)

ANWEISUNGEN:
FÜR DIE LINSENFÜLLUNG:
a) In einer Pfanne Zwiebeln und Knoblauch in Olivenöl anbraten, bis sie weich sind.
b) Geriebene Karotte, gehackten Sellerie und Pilze hinzufügen. Kochen, bis das Gemüse weich ist.
c) Gekochte Linsen, Thymian, Rosmarin, Salz und schwarzen Pfeffer unterrühren.
d) Tomatenmark und Gemüsebrühe hinzufügen. Köcheln lassen, bis die Mischung eindickt.
e) Gehackten frischen Spinat hinzufügen und kochen, bis er zusammenfällt. Lassen Sie die Mischung abkühlen.

FÜR DAS WELLINGTON:
f) Heizen Sie den Ofen auf 400 °F (200 °C) vor.
g) Den Blätterteig ausrollen und eine dünne Schicht Dijon-Senf darauf verteilen.
h) Die Linsen-Gemüse-Mischung in der Mitte des Teigs verteilen.

i) Falten Sie den Blätterteig über die Linsenfüllung und verschließen Sie die Ränder. Bei Bedarf können Sie darüber ein Gittermuster erstellen.
j) Schlagen Sie das Ei auf und streichen Sie es über den Blätterteig, um ihm eine goldene Note zu verleihen.
k) Legen Sie den Veggie Lentil Wellington auf ein Backblech und backen Sie ihn 25–30 Minuten lang oder bis der Teig goldbraun ist.
l) Lassen Sie den Veggie Lentil Wellington einige Minuten ruhen, bevor Sie ihn in Scheiben schneiden. Mit einer Beilage Ihrer bevorzugten vegetarischen Soße oder Soße servieren. Genießen Sie dieses herzhafte und geschmackvolle vegetarische Wellington!

35.Portobello, Pekannuss und Chestnut Wellington

ZUTATEN:
FÜR DIE FÜLLUNG:
- 4 große Portobello-Pilze, Stiele entfernt
- 1 Tasse Pekannüsse, geröstet und gehackt
- 1 Tasse Kastanien, geröstet und geschält
- 2 EL Olivenöl
- 1 Zwiebel, fein gehackt
- 3 Knoblauchzehen, gehackt
- 1 TL frische Thymianblätter
- Salz und schwarzer Pfeffer nach Geschmack
- 1 Tasse frischer Spinat, gehackt
- 1/2 Tasse Semmelbrösel
- 1/2 Tasse Gemüsebrühe

FÜR DAS WELLINGTON:
- Blätterteigblätter
- dijon Senf
- 1 Ei (zum Waschen der Eier)

ANWEISUNGEN:
FÜR DIE FÜLLUNG:
a) Heizen Sie den Ofen auf 400 °F (200 °C) vor.
b) Portobello-Pilze auf ein Backblech legen. Mit Olivenöl beträufeln, mit Salz und Pfeffer würzen und etwa 15–20 Minuten rösten, bis es weich ist. Lassen Sie sie abkühlen.
c) In einer Pfanne Zwiebeln und Knoblauch in Olivenöl anbraten, bis sie weich sind.
d) Gehackte Kastanien, geröstete Pekannüsse und frischen Thymian in die Pfanne geben. Einige Minuten kochen lassen, bis es duftet.
e) Frischen Spinat einrühren und kochen, bis er zusammenfällt.
f) Paniermehl und Gemüsebrühe in die Pfanne geben, sodass eine saftige Füllung entsteht. Mit Salz und Pfeffer würzen.
g) Entfernen Sie die Kiemen von den abgekühlten Portobello-Pilzen und legen Sie sie leicht überlappend auf eine Plastikfolie.
h) Die Pekannuss-, Kastanien- und Spinatmischung über die Pilze verteilen.

i) Rollen Sie die Pilze und füllen Sie sie mithilfe der Plastikfolie in eine Klotzform. Im Kühlschrank etwa 30 Minuten kalt stellen.

FÜR DAS WELLINGTON:

j) Heizen Sie den Ofen auf 400 °F (200 °C) vor.
k) Den Blätterteig ausrollen und eine dünne Schicht Dijon-Senf darauf verteilen.
l) Wickeln Sie den gekühlten Pilz und den Füllblock aus und legen Sie ihn in die Mitte des Teigs.
m) Falten Sie den Blätterteig über den Baumstamm und verschließen Sie die Ränder. Bei Bedarf können Sie darüber ein Gittermuster erstellen.
n) Schlagen Sie das Ei auf und streichen Sie es über den Blätterteig, um ihm eine goldene Note zu verleihen.
o) Legen Sie den gerösteten Portobello-Pilz, die Pekannuss und den Kastanien-Wellington auf ein Backblech und backen Sie ihn 25 bis 30 Minuten lang oder bis der Teig goldbraun ist.
p) Lassen Sie den Wellington einige Minuten ruhen, bevor Sie ihn in Scheiben schneiden. Mit einer Beilage Ihrer Lieblingspilzsoße oder -soße servieren. Genießen Sie dieses elegante und geschmackvolle vegetarische Wellington!

36. Schweinefleisch Wellington

ZUTATEN:
FÜR DAS SCHWEINEFLEISCH:
- 2 Pfund Schweinefilet
- Salz und schwarzer Pfeffer nach Geschmack
- 2 EL Olivenöl
- dijon Senf

FÜR DIE PILZ-DUXELLES:
- 2 Tassen Champignons, fein gehackt
- 2 EL Butter
- 2 Knoblauchzehen, gehackt
- Salz und schwarzer Pfeffer nach Geschmack
- 2 EL frische Petersilie, gehackt

ZUR MONTAGE:
- Blätterteigblätter
- Schinkenscheiben
- 1 Ei (zum Waschen der Eier)

ANWEISUNGEN:
FÜR DAS SCHWEINEFLEISCH:
a) Heizen Sie den Ofen auf 400 °F (200 °C) vor.
b) Das Schweinefilet mit Salz und schwarzem Pfeffer würzen.
c) In einer Pfanne Olivenöl bei mittlerer bis hoher Hitze erhitzen. Das Schweinefilet scharf anbraten, bis es von allen Seiten braun ist. Zum Abkühlen beiseite stellen.
d) Nach dem Abkühlen das Schweinefleisch mit Dijon-Senf bestreichen.

FÜR DIE PILZ-DUXELLES:
e) In derselben Pfanne Butter bei mittlerer Hitze schmelzen. Den gehackten Knoblauch hinzufügen und anbraten, bis er duftet.
f) Gehackte Pilze in die Pfanne geben und kochen, bis sie ihre Feuchtigkeit abgeben.
g) Mit Salz und schwarzem Pfeffer würzen. Frische Petersilie hinzufügen und kochen, bis die Mischung gut vermischt ist. Lassen Sie es abkühlen.

ZUR MONTAGE:

h) Den Blätterteig ausrollen und die Prosciutto-Scheiben leicht überlappend darauflegen.
i) Eine dünne Schicht der Pilz- Duxelles auf dem Prosciutto verteilen.
j) Das mit Dijon bestrichene Schweinefilet auf die Pilzmischung legen.
k) Rollen Sie den Blätterteig über das Schweinefleisch und verschließen Sie die Ränder. Bei Bedarf können Sie darüber ein Gittermuster erstellen.
l) Schlagen Sie das Ei auf und streichen Sie es über den Blätterteig, um ihm eine goldene Note zu verleihen.
m) Legen Sie das Pork Wellington auf ein Backblech und backen Sie es 25–30 Minuten lang oder bis der Teig goldbraun ist.
n) Lassen Sie das Pork Wellington einige Minuten ruhen, bevor Sie es in Scheiben schneiden. Mit einer Beilage Ihrer Lieblingssoße oder -soße servieren. Genießen Sie diese köstliche und elegante Variante des klassischen Wellington!

37. Gegrilltes Rindfleisch Wellington

ZUTATEN:
FÜR DAS RINDFLEISCH:
- 2 Pfund Rinderfilet
- Salz und schwarzer Pfeffer nach Geschmack
- 2 EL Olivenöl
- dijon Senf

FÜR DIE PILZ-DUXELLES:
- 2 Tassen Champignons, fein gehackt
- 2 EL Butter
- 2 Knoblauchzehen, gehackt
- Salz und schwarzer Pfeffer nach Geschmack
- 2 EL frische Petersilie, gehackt

ZUR MONTAGE:
- Blätterteigblätter
- Schinkenscheiben
- 1 Ei (zum Waschen der Eier)

ANWEISUNGEN:
FÜR DAS RINDFLEISCH:
a) Den Grill auf mittlere bis hohe Hitze vorheizen.
b) Das Rinderfilet mit Salz und schwarzem Pfeffer würzen.
c) Das Rindfleisch auf dem heißen Grill auf jeder Seite ein paar Minuten anbraten, um eine schöne Kruste zu erhalten. Dieser Schritt ist wichtig, um den Saft einzuschließen.
d) Lassen Sie das gegrillte Rindfleisch abkühlen und bestreichen Sie es dann mit Dijon-Senf.

FÜR DIE PILZ-DUXELLES:
e) In einer Pfanne Butter bei mittlerer Hitze schmelzen. Den gehackten Knoblauch hinzufügen und anbraten, bis er duftet.
f) Gehackte Pilze in die Pfanne geben und kochen, bis sie ihre Feuchtigkeit abgeben.
g) Mit Salz und schwarzem Pfeffer würzen. Frische Petersilie hinzufügen und kochen, bis die Mischung gut vermischt ist . Lassen Sie es abkühlen.

ZUR MONTAGE:
h) Blätterteig auf einer sauberen Oberfläche ausrollen.

i) Schinkenscheiben leicht überlappend auf den Blätterteig legen.
j) Eine dünne Schicht der Pilz- Duxelles auf dem Prosciutto verteilen.
k) Legen Sie das mit Dijon bestrichene, gegrillte Rinderfilet auf die Pilzmischung.
l) Den Blätterteig über das Rindfleisch rollen und die Ränder verschließen. Bei Bedarf können Sie darüber ein Gittermuster erstellen.
m) Schlagen Sie das Ei auf und streichen Sie es über den Blätterteig, um ihm eine goldene Note zu verleihen.
n) Übertragen Sie den verpackten Wellington vorsichtig auf den Grill. Verwenden Sie indirekte Hitze, um ein Verbrennen des Teigbodens zu vermeiden.
o) Grillen Sie das Beef Wellington etwa 20–25 Minuten lang oder bis der Teig goldbraun ist und die Innentemperatur des Rindfleischs den gewünschten Gargrad erreicht.
p) Lassen Sie das gegrillte Beef Wellington einige Minuten ruhen, bevor Sie es in Scheiben schneiden. Mit einer Beilage Ihrer Lieblingssoße oder -soße servieren. Genießen Sie die rauchige Köstlichkeit vom Grill!

38. Feige und Salbei Truthahn Wellington

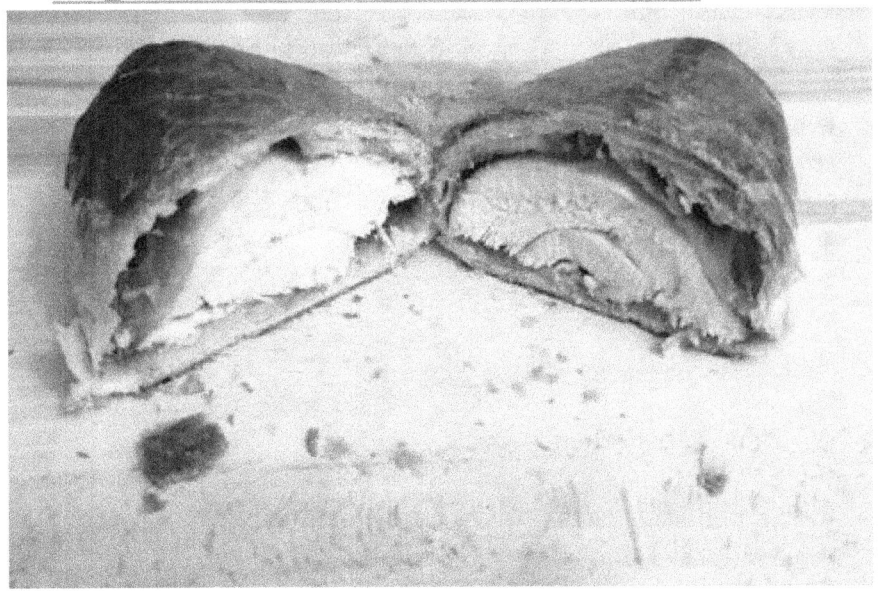

ZUTATEN:
FÜR DIE TÜRKEI:
- 2 Pfund Putenbrust, ohne Knochen und ohne Haut
- Salz und schwarzer Pfeffer nach Geschmack
- 2 EL Olivenöl
- dijon Senf

FÜR DIE FEIGEN-Salbei-Füllung:
- 1 Tasse getrocknete Feigen, gehackt
- 1 Tasse Semmelbrösel
- 1/2 Tasse Pekannüsse, gehackt
- 1/4 Tasse frische Salbeiblätter, gehackt
- 1 Zwiebel, fein gehackt
- 2 Knoblauchzehen, gehackt
- 2 EL Butter
- Salz und schwarzer Pfeffer nach Geschmack
- 1/2 Tasse Hühner- oder Putenbrühe

ZUR MONTAGE:
- Blätterteigblätter
- Schinkenscheiben
- 1 Ei (zum Waschen der Eier)

ANWEISUNGEN:
FÜR DIE TÜRKEI:
a) Heizen Sie den Ofen auf 400 °F (200 °C) vor.
b) Die Putenbrust mit Salz und schwarzem Pfeffer würzen.
c) In einer Pfanne Olivenöl bei mittlerer bis hoher Hitze erhitzen. Die Putenbrust scharf anbraten, bis sie von allen Seiten braun ist. Zum Abkühlen beiseite stellen.
d) Nach dem Abkühlen den Truthahn mit Dijon-Senf bestreichen.

FÜR DIE FEIGEN-Salbei-Füllung:
e) In derselben Pfanne Butter bei mittlerer Hitze schmelzen. Gehackte Zwiebeln und Knoblauch hinzufügen. Sautieren, bis es weich ist.
f) Gehackte Feigen, Semmelbrösel, Pekannüsse und frischen Salbei in die Pfanne geben. Einige Minuten kochen lassen, bis die Mischung gut vermischt ist .

g) Mit Salz und schwarzem Pfeffer würzen. Gießen Sie Hühner- oder Putenbrühe hinzu, um die Füllung anzufeuchten. Lassen Sie es abkühlen.

ZUR MONTAGE:
h) Blätterteig auf einer sauberen Unterlage ausrollen.
i) Schinkenscheiben leicht überlappend auf den Blätterteig legen.
j) Eine dünne Schicht der Feigen-Salbei-Füllung auf dem Prosciutto verteilen.
k) Legen Sie die mit Dijon bestrichene Putenbrust auf die Füllung.
l) Den Blätterteig über den Truthahn rollen und die Ränder verschließen. Bei Bedarf können Sie darüber ein Gittermuster erstellen.
m) Schlagen Sie das Ei auf und streichen Sie es über den Blätterteig, um ihm eine goldene Note zu verleihen.
n) Legen Sie den eingewickelten Truthahn-Wellington mit Feigen und Salbei auf ein Backblech und backen Sie ihn 30–35 Minuten lang oder bis der Teig goldbraun ist.
o) Lassen Sie den Truthahn-Wellington mit Feige und Salbei einige Minuten ruhen, bevor Sie ihn in Scheiben schneiden. Mit einer Beilage Preiselbeersauce oder Truthahnsoße servieren. Genießen Sie dieses festliche und geschmackvolle Wellington!

39. Blauschimmelkäse und Rindfleisch Wellington

ZUTATEN:
FÜR DAS RINDFLEISCH:
- 2 Pfund Rinderfilet
- Salz und schwarzer Pfeffer nach Geschmack
- 2 EL Olivenöl
- dijon Senf

FÜR DIE BLAUKÄSE-PILZE-DUXELLES:
- 2 Tassen Champignons, fein gehackt
- 2 EL Butter
- 2 Knoblauchzehen, gehackt
- Salz und schwarzer Pfeffer nach Geschmack
- 1/2 Tasse Blauschimmelkäse, zerbröckelt
- 2 EL frische Thymianblätter

ZUR MONTAGE:
- Blätterteigblätter
- Schinkenscheiben
- 1 Ei (zum Waschen der Eier)

ANWEISUNGEN:
FÜR DAS RINDFLEISCH:
a) Heizen Sie den Ofen auf 400 °F (200 °C) vor.
b) Das Rinderfilet mit Salz und schwarzem Pfeffer würzen.
c) In einer Pfanne Olivenöl bei mittlerer bis hoher Hitze erhitzen. Das Rinderfilet scharf anbraten, bis es von allen Seiten braun ist. Zum Abkühlen beiseite stellen.
d) Nach dem Abkühlen das Rindfleisch mit Dijon-Senf bestreichen.

FÜR DIE BLAUKÄSE-PILZE-DUXELLES:
e) In derselben Pfanne Butter bei mittlerer Hitze schmelzen. Den gehackten Knoblauch hinzufügen und anbraten, bis er duftet.
f) Gehackte Pilze in die Pfanne geben und kochen, bis sie ihre Feuchtigkeit abgeben.
g) Mit Salz und schwarzem Pfeffer würzen. Zerkrümelten Blauschimmelkäse und frischen Thymian unterrühren. Kochen, bis die Mischung gut vermischt ist . Lassen Sie es abkühlen.

ZUR MONTAGE:
h) Blätterteig auf einer sauberen Oberfläche ausrollen.

i) Schinkenscheiben leicht überlappend auf den Blätterteig legen.
j) Eine dünne Schicht der Blauschimmelkäse-Pilz- Duxelles auf dem Prosciutto verteilen.
k) Legen Sie das mit Dijon bestrichene Rinderfilet auf die Duxelles.
l) Rollen Sie den Blätterteig über das Rindfleisch und die Duxelles und verschließen Sie die Ränder. Bei Bedarf können Sie darüber ein Gittermuster erstellen.
m) Schlagen Sie das Ei auf und streichen Sie es über den Blätterteig, um ihm eine goldene Note zu verleihen.
n) Legen Sie den eingewickelten Blauschimmelkäse und Beef Wellington auf ein Backblech und backen Sie ihn 25 bis 30 Minuten lang oder bis der Teig goldbraun ist.

40. Schweinefilet mit gebackenem Blätterteig

ZUTATEN:
- 1 Blatt Blätterteig
- 1 Schweinefilet
- 6 Scheiben Speck
- 6 Scheiben Käse
- 1 Ei, geschlagen

ANWEISUNGEN:

a) Den Backofen auf 220 °C vorheizen.

b) Filet mit Pfeffer würzen und in einer Pfanne anbraten.

c) Reservieren und abkühlen lassen.

d) Dehnen Sie das Blätterteigblatt.

e) In den Mittelteil legen Sie die Käsescheiben und dann die Speckscheiben so ein, dass sie das Lendenstück umhüllen.

f) Sobald das Filet abgekühlt ist , legen Sie es auf den Speck.

g) Zum Schluss den Blätterteig verschließen.

h) Das in Blätterteig gewickelte Schweinefilet mit dem verquirlten Ei bestreichen und für etwa 30 Minuten in den Ofen schieben.

EN CROÛTE

41. Belgischer Lachs im Blätterteig

ZUTATEN:
- 2 Blätterteigblätter, aufgetaut, falls gefroren
- 2 Lachsfilets, ohne Haut
- 1 Tasse frische Spinatblätter
- 4 Unzen Frischkäse, weich
- 2 Esslöffel gehackter frischer Dill
- 1 Esslöffel Dijon-Senf
- Salz und Pfeffer nach Geschmack
- 1 Ei, geschlagen (zum Waschen der Eier)

ANWEISUNGEN:

a) Heizen Sie Ihren Backofen auf 400 °F (200 °C) vor. Ein Backblech mit Backpapier auslegen.

b) Rollen Sie jedes Blätterteigblatt auf einer leicht bemehlten Oberfläche aus, bis es groß genug ist, um ein Lachsfilet zu umwickeln.

c) In einer Rührschüssel den weichen Frischkäse, gehackten frischen Dill, Dijon-Senf, Salz und Pfeffer vermischen. Zum Kombinieren gut vermischen.

d) Auf jedes ausgerollte Blätterteigblatt ein Lachsfilet legen. Den Lachs mit Salz und Pfeffer würzen.

e) Auf jedes Lachsfilet eine Schicht frischen Blattspinat verteilen.

f) Die Frischkäsemischung gleichmäßig über die Spinatschicht verteilen und die Lachsfilets bedecken.

g) Falten Sie den Blätterteig vorsichtig über den Lachs und die Füllung und verschließen Sie die Ränder, indem Sie sie zusammendrücken. Eventuell überschüssigen Teig abschneiden.

h) Die eingewickelten Lachspäckchen mit der Nahtseite nach unten auf das vorbereitete Backblech legen.

i) Bestreichen Sie die Oberseite jedes Blätterteigstücks mit dem verquirlten Ei, sodass eine goldene, glänzende Kruste entsteht.

j) Machen Sie mit einem scharfen Messer ein paar Schlitze auf der Oberseite jedes Teigstücks, damit der Dampf beim Backen entweichen kann.

k) Im vorgeheizten Ofen etwa 20–25 Minuten backen, oder bis der Blätterteig goldbraun und der Lachs gar ist.

l) Nehmen Sie den belgischen Lachs im Blätterteig aus dem Ofen und lassen Sie ihn vor dem Servieren einige Minuten ruhen.

m) Den Lachs in Scheiben schneiden In dicke Portionen schneiden und heiß servieren. Es passt gut zu gedünstetem Gemüse oder einem frischen Salat.

42. Seitan En Croute

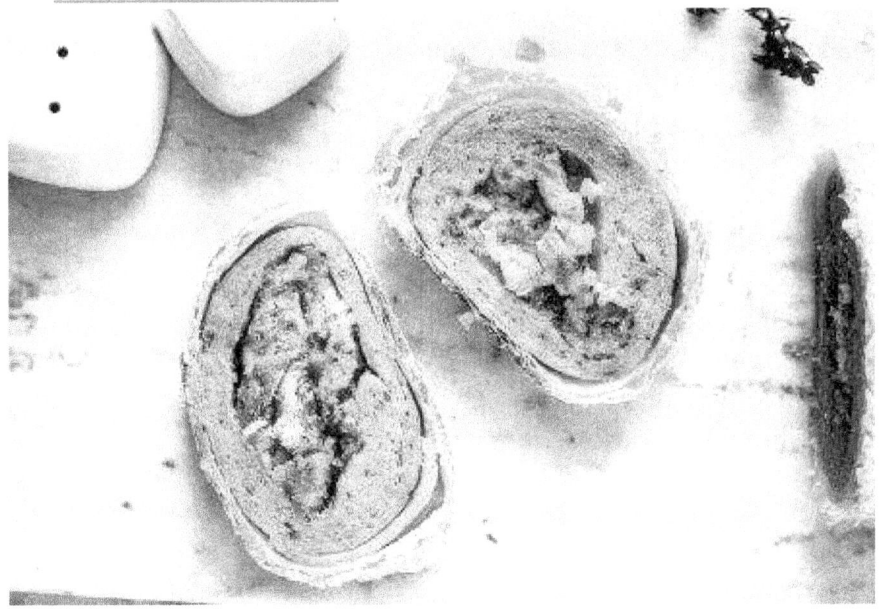

ZUTATEN:

- 1 Esslöffel Olivenöl
- 2 mittelgroße Schalotten, gehackt
- Unzen weiße Pilze, gehackt
- $1/4$ Tasse Madeira
- 1 Esslöffel gehackte frische Petersilie
- $1/2$ Teelöffel getrockneter Thymian
- $1/2$ Teelöffel getrocknetes Bohnenkraut
- 2 Tassen fein gehackte trockene Brotwürfel
- Salz und frisch gemahlener schwarzer Pfeffer
- 1 gefrorenes Blätterteigblatt, aufgetaut
- ($1/4$ Zoll dicke) Seitanscheiben, etwa 7,6 x 10 cm große Ovale oder Rechtecke, trocken tupfen

ANWEISUNGEN:

a) In einer großen Pfanne das Öl bei mittlerer Hitze erhitzen.

b) Fügen Sie die Schalotten hinzu und kochen Sie sie etwa 3 Minuten lang, bis sie weich sind. Fügen Sie die Pilze hinzu und kochen Sie sie unter gelegentlichem Rühren etwa 5 Minuten lang, bis die Pilze weich sind.

c) Madiera, Petersilie, Thymian und Bohnenkraut hinzufügen und kochen, bis die Flüssigkeit fast verdampft ist. Die Brotwürfel unterrühren und mit Salz und Pfeffer abschmecken. Zum Abkühlen beiseite stellen.

d) Legen Sie die Blätterteigplatte auf ein großes Stück Plastikfolie auf einer ebenen Arbeitsfläche. Mit einem weiteren Stück Frischhaltefolie bedecken und den Teig mit einem Nudelholz leicht ausrollen, damit er glatt wird. Den Teig vierteln.

e) Je 1 Scheibe Seitan in die Mitte jedes Teigstücks legen. Die Füllung darauf verteilen und den Seitan damit bedecken. Jeweils mit den restlichen Seitanscheiben belegen. Falten Sie den Teig zusammen, um die Füllung zu umschließen, und drücken Sie die Ränder mit den Fingern zusammen, um ihn zu verschließen.

f) Legen Sie die Teigtaschen mit der Naht nach unten auf ein großes, ungefettetes Backblech und stellen Sie sie 30 Minuten lang in den Kühlschrank.

g) Heizen Sie den Ofen auf 400 °F vor. Backen, bis die Kruste goldbraun ist, etwa 20 Minuten. Sofort servieren.

43. Hähnchen und Pilze en Croûte

ZUTATEN:
- 4 Hähnchenbrüste
- Salz und schwarzer Pfeffer nach Geschmack
- Olivenöl
- 1 Tasse Champignons, in Scheiben geschnitten
- 2 Knoblauchzehen, gehackt
- Blätterteigblätter
- Frischkäse
- Frische Thymianblätter
- 1 Ei (zum Waschen der Eier)

ANWEISUNGEN:
a) Heizen Sie den Ofen auf 400 °F (200 °C) vor.
b) Die Hähnchenbrüste mit Salz und schwarzem Pfeffer würzen.
c) In einer Pfanne Pilze und Knoblauch in Olivenöl anbraten, bis sie weich sind.
d) Blätterteig ausrollen und eine Schicht Frischkäse darauf verteilen.
e) Legen Sie eine Hähnchenbrust darauf, geben Sie Pilze darüber und bestreuen Sie sie mit frischem Thymian.
f) Falten Sie den Blätterteig über das Huhn und verschließen Sie die Ränder.
g) Das Ei verquirlen und den Blätterteig damit bestreichen.
h) 25–30 Minuten backen oder bis der Teig goldbraun ist.

44. Gemüse en Croûte

ZUTATEN:
- 1 Aubergine, in Scheiben geschnitten
- 2 Zucchini, in Scheiben geschnitten
- 1 rote Paprika, in Scheiben geschnitten
- Olivenöl
- Salz und schwarzer Pfeffer nach Geschmack
- Blätterteigblätter
- Pesto-Sauce
- Feta-Käse, zerbröselt
- 1 Ei (zum Waschen der Eier)

ANWEISUNGEN:
a) Heizen Sie den Ofen auf 400 °F (200 °C) vor.
b) Auberginen-, Zucchini- und rote Paprikascheiben in Olivenöl, Salz und schwarzem Pfeffer vermengen.
c) Blätterteig ausrollen und eine Schicht Pesto-Sauce darauf verteilen.
d) Die Gemüsescheiben auf dem mit Pesto bestrichenen Teig anrichten und mit zerkrümeltem Feta bestreuen.
e) Falten Sie den Blätterteig über das Gemüse und verschließen Sie die Ränder.
f) Das Ei verquirlen und den Blätterteig damit bestreichen.
g) 20–25 Minuten backen oder bis der Teig goldbraun ist.

45. Rindfleisch und Blauschimmelkäse En Teigmantel

ZUTATEN:
- 1 Pfund Rinderfilet, in dünne Scheiben geschnitten
- Salz und schwarzer Pfeffer nach Geschmack
- Olivenöl
- Blätterteigblätter
- Blauschimmelkäse, zerbröselt
- Karamellisierte Zwiebeln
- 1 Ei (zum Waschen der Eier)

ANWEISUNGEN:
a) Heizen Sie den Ofen auf 400 °F (200 °C) vor.
b) Die Rindfleischscheiben mit Salz und schwarzem Pfeffer würzen.
c) In einer Pfanne die Rindfleischscheiben in Olivenöl anbraten, bis sie braun sind.
d) Blätterteig ausrollen und Blauschimmelkäse darauf schichten.
e) Rindfleischscheiben darauflegen, karamellisierte Zwiebeln hinzufügen.
f) Falten Sie den Blätterteig über das Rindfleisch und die Zwiebeln und verschließen Sie die Ränder.
g) Das Ei verquirlen und den Blätterteig damit bestreichen.
h) 20–25 Minuten backen oder bis der Teig goldbraun ist.

46. Spinat und Feta En Croûte

ZUTATEN:
- Blätterteigblätter
- 2 Tassen frischer Spinat, gehackt
- 1 Tasse Feta-Käse, zerbröselt
- 1/4 Tasse Pinienkerne
- 2 Knoblauchzehen, gehackt
- Olivenöl
- Salz und schwarzer Pfeffer nach Geschmack
- 1 Ei (zum Waschen der Eier)

ANWEISUNGEN:
a) Heizen Sie den Ofen auf 400 °F (200 °C) vor.
b) Blätterteig ausrollen und eine Schicht gehackten frischen Spinat darauf verteilen.
c) Streuen Sie zerbröckelten Feta-Käse, Pinienkerne und gehackten Knoblauch über den Spinat.
d) Olivenöl darüberträufeln und mit Salz und schwarzem Pfeffer würzen.
e) Falten Sie den Blätterteig über die Füllung und verschließen Sie die Ränder.
f) Das Ei verquirlen und den Blätterteig damit bestreichen.
g) 20–25 Minuten backen oder bis der Teig goldbraun ist.

47. Ratatouille En Croûte

ZUTATEN:
- Blätterteigblätter
- 1 Aubergine, in Scheiben geschnitten
- 2 Zucchini, in Scheiben geschnitten
- 1 Paprika, gewürfelt
- 1 Zwiebel, gewürfelt
- 2 Tomaten, in Scheiben geschnitten
- Olivenöl
- Kräuter der Provence
- Salz und schwarzer Pfeffer nach Geschmack
- 1 Ei (zum Waschen der Eier)

ANWEISUNGEN:

a) Heizen Sie den Ofen auf 400 °F (200 °C) vor.
b) Blätterteig ausrollen und Auberginen-, Zucchini-, Paprika-, Zwiebel- und Tomatenscheiben darauf verteilen.
c) Olivenöl darüber träufeln, Kräuter der Provence, Salz und schwarzen Pfeffer darüber streuen.
d) Falten Sie den Blätterteig über das Gemüse und verschließen Sie die Ränder.
e) Das Ei verquirlen und den Blätterteig damit bestreichen.
f) 25–30 Minuten backen oder bis der Teig goldbraun ist.

48.Garnelen und Spargel En Croûte

ZUTATEN:
- Blätterteigblätter
- 1 Pfund Garnelen, geschält und entdarmt
- 1 Bund Spargel, geputzt
- 2 EL Olivenöl
- Knoblauchpulver
- Zitronenschale
- Salz und schwarzer Pfeffer nach Geschmack
- 1 Ei (zum Waschen der Eier)

ANWEISUNGEN:
a) Heizen Sie den Ofen auf 400 °F (200 °C) vor.
b) Blätterteig ausrollen und Garnelen und Spargel darauf schichten.
c) Olivenöl darüberträufeln, Knoblauchpulver, Zitronenschale, Salz und schwarzen Pfeffer darüber streuen.
d) Falten Sie den Blätterteig über die Garnelen und den Spargel und verschließen Sie die Ränder.
e) Das Ei verquirlen und den Blätterteig damit bestreichen.
f) 20–25 Minuten backen oder bis der Teig goldbraun ist.

49. Apfel und Brie En Croûte

ZUTATEN:
- Blätterteigblätter
- 2 Äpfel, in dünne Scheiben geschnitten
- Briekäse, in Scheiben geschnitten
- 1/4 Tasse Honig
- 1/4 Tasse gehackte Walnüsse
- Zimt
- 1 Ei (zum Waschen der Eier)

ANWEISUNGEN:
a) Heizen Sie den Ofen auf 400 °F (200 °C) vor.
b) Blätterteig ausrollen und Apfelscheiben und Brie darauf schichten.
c) darüber träufeln , gehackte Walnüsse und eine Prise Zimt darüber streuen.
d) Falten Sie den Blätterteig über die Äpfel und den Brie und verschließen Sie die Ränder.
e) Das Ei verquirlen und den Blätterteig damit bestreichen.
f) 20–25 Minuten backen oder bis der Teig goldbraun ist.

50. Brie de Croute

ZUTATEN:
- 1 Laib Brie-Käse (ca. 8 Unzen)
- 1 Blatt Blätterteig, aufgetaut
- 2-3 Esslöffel Obstkonfitüre (Aprikose, Feige oder Himbeere eignen sich gut)
- 1 Ei (zum Waschen der Eier)
- Cracker oder geschnittenes Baguette (zum Servieren)

ANWEISUNGEN:
a) Heizen Sie den Ofen auf 400 °F (200 °C) vor.
b) Rollen Sie den Blätterteig auf einer leicht bemehlten Oberfläche aus und achten Sie darauf, dass er groß genug ist, um den Brie vollständig zu umhüllen.
c) Platzieren Sie das Brie-Rad in der Mitte des Blätterteigs.
d) Obstkonfitüre auf dem Brie verteilen. Sie können es mit der Rückseite eines Löffels vorsichtig gleichmäßig verteilen.
e) Falten Sie den Blätterteig über den Brie und umschließen Sie ihn vollständig. Versiegeln Sie die Ränder, indem Sie sie zusammendrücken.
f) Das Ei verquirlen und die gesamte Oberfläche des Blätterteigs damit bestreichen. Dadurch erhält es beim Backen eine schöne goldene Farbe.
g) Legen Sie den eingewickelten Brie auf ein mit Backpapier ausgelegtes Backblech.
h) Im vorgeheizten Ofen 20–25 Minuten backen oder bis der Blätterteig goldbraun und knusprig ist.
i) Erlauben Sie den Brie En Vor dem Servieren die Croûte einige Minuten abkühlen lassen.
j) Mit Crackern oder geschnittenem Baguette servieren. Für noch mehr Süße können Sie auch weitere Fruchtkonfitüren darüber träufeln.
k) Genießen Sie den klebrigen, schmelzenden Brie, eingewickelt in Blätterteig!
l) Dieser Brie En Croûte ist eine elegante und beliebte Vorspeise für verschiedene Anlässe.

51.Rustikale Pastete en Croûte

ZUTATEN:
FÜR DIE PÂTÉ:
- 1 Pfund Schweineschulter, fein gemahlen
- 1/2 Pfund Hühnerleber, getrimmt
- 1/2 Tasse Speck, fein gehackt
- 1 kleine Zwiebel, fein gehackt
- 2 Knoblauchzehen, gehackt
- 1 TL getrockneter Thymian
- 1 TL getrockneter Rosmarin
- 1/2 Tasse Brandy
- Salz und schwarzer Pfeffer nach Geschmack
- 1 Ei (zum Waschen der Eier)

FÜR DIE KRUSTE:
- 2 Blätterteigblätter, aufgetaut
- dijon Senf

ANWEISUNGEN:
FÜR DIE PÂTÉ:
a) Heizen Sie den Backofen auf 375 °F (190 °C) vor.
b) In einer Pfanne den Speck anbraten, bis er knusprig wird. Zwiebeln und Knoblauch hinzufügen und kochen, bis sie weich sind.
c) Schweinehackfleisch, Hühnerleber, Thymian, Rosmarin, Salz und schwarzen Pfeffer in die Pfanne geben. Kochen, bis das Fleisch gebräunt ist .
d) Mit Brandy aufgießen und einige Minuten köcheln lassen, bis die meiste Flüssigkeit verdampft ist. Lassen Sie die Mischung abkühlen.

FÜR DIE KRUSTE:
e) Eine Blätterteigplatte auf einer leicht bemehlten Fläche ausrollen.
f) Eine dünne Schicht Dijon-Senf auf dem Teig verteilen.
g) Legen Sie die abgekühlte Pastetenmischung in die Mitte des Teigs.
h) Die zweite Blätterteigplatte ausrollen und über die Pastetenmasse legen.
i) Verschließen Sie die Ränder des Teigs und achten Sie darauf, dass keine Öffnungen entstehen.

j) Schlagen Sie das Ei auf und streichen Sie es über die gesamte Oberfläche des Teigs, um ihm eine goldene Oberfläche zu verleihen.
k) Mit einem Messer dekorative Muster auf den Teig zeichnen.
l) Legen Sie die Pastete hinein Croûte auf ein mit Backpapier ausgelegtes Backblech legen.
m) Im vorgeheizten Ofen 35–40 Minuten backen oder bis der Teig goldbraun ist.
n) Lassen Sie die rustikale Pastete en Vor dem Schneiden die Croûte etwas abkühlen lassen.
o) Servieren Sie die rustikale Pastete Croûte mit Cornichons, Dijon-Senf und knusprigem Brot für eine köstliche Vorspeise. Genießen Sie die reichhaltigen und herzhaften Aromen!

52. Filet de Boeuf en Croûte

ZUTATEN:
FÜR DAS RINDFLEISCH:
- 2 Pfund Rinderfilet
- Salz und schwarzer Pfeffer nach Geschmack
- 2 EL Olivenöl
- dijon Senf

FÜR DIE PILZ-DUXELLES:
- 2 Tassen Champignons, fein gehackt
- 2 EL Butter
- 2 Knoblauchzehen, gehackt
- Salz und schwarzer Pfeffer nach Geschmack
- 2 EL frische Thymianblätter

ZUR MONTAGE:
- Blätterteigblätter
- Schinkenscheiben
- 1 Ei (zum Waschen der Eier)

ANWEISUNGEN:
FÜR DAS RINDFLEISCH:
a) Heizen Sie den Ofen auf 400 °F (200 °C) vor.
b) Das Rinderfilet mit Salz und schwarzem Pfeffer würzen.
c) In einer Pfanne Olivenöl bei mittlerer bis hoher Hitze erhitzen. Das Rinderfilet scharf anbraten, bis es von allen Seiten braun ist. Zum Abkühlen beiseite stellen.
d) Nach dem Abkühlen das Rindfleisch mit Dijon-Senf bestreichen.

FÜR DIE PILZ-DUXELLES:
e) In derselben Pfanne Butter bei mittlerer Hitze schmelzen. Den gehackten Knoblauch hinzufügen und anbraten, bis er duftet.
f) Gehackte Pilze in die Pfanne geben und kochen, bis sie ihre Feuchtigkeit abgeben.
g) Mit Salz und schwarzem Pfeffer würzen. Frischen Thymian hinzufügen und kochen, bis die Mischung gut vermischt ist. Lassen Sie es abkühlen.

ZUR MONTAGE:
h) Blätterteig auf einer sauberen Unterlage ausrollen.
i) Schinkenscheiben leicht überlappend auf den Blätterteig legen.

j) Eine dünne Schicht der Pilz- Duxelles auf dem Prosciutto verteilen.
k) Legen Sie das mit Dijon bestrichene Rinderfilet auf die Duxelles .
l) Rollen Sie den Blätterteig über das Rindfleisch und die Duxelles und verschließen Sie die Ränder. Bei Bedarf können Sie darüber ein Gittermuster erstellen.
m) Schlagen Sie das Ei auf und streichen Sie es über den Blätterteig, um ihm eine goldene Note zu verleihen.
n) Legen Sie das eingewickelte Filet de Boeuf darauf Auf ein Backblech legen und 25–30 Minuten backen, bis der Teig goldbraun ist.
o) Lassen Sie das Filet de Boeuf en Vor dem Schneiden die Croûte einige Minuten ruhen lassen. Mit einer Rotweinreduktion oder Ihrer Lieblingssauce servieren. Genießen Sie dieses französisch inspirierte Beef Wellington!

53. Entenpastete en Croûte

ZUTATEN:
FÜR DIE ENTENFÜLLUNG:
- 1 Pfund Entenfleisch, fein gemahlen
- 1/2 Pfund Schweineschulter, fein gemahlen
- 1/2 Tasse Entenleber, fein gehackt
- 1 kleine Zwiebel, fein gehackt
- 2 Knoblauchzehen, gehackt
- 2 EL Brandy
- 1 TL getrockneter Thymian
- 1 TL getrockneter Rosmarin
- Salz und schwarzer Pfeffer nach Geschmack

FÜR DIE KRUSTE:
- 2 Blätterteigblätter, aufgetaut
- 1 Ei (zum Waschen der Eier)

ANWEISUNGEN:
FÜR DIE ENTENFÜLLUNG:
a) Heizen Sie den Ofen auf 375 °F (190 °C) vor.
b) In einer großen Rührschüssel die gehackte Ente, das gehackte Schweinefleisch, die gehackte Entenleber, die gehackte Zwiebel, den gehackten Knoblauch, den Brandy, den getrockneten Thymian, den getrockneten Rosmarin, Salz und schwarzen Pfeffer vermischen. Gut vermischen, bis alle Zutaten gleichmäßig verteilt sind.
c) In einer Pfanne eine kleine Menge der Mischung nach Belieben zum Würzen kochen. Bei Bedarf Salz und Pfeffer anpassen.

FÜR DIE KRUSTE:
d) Eine Blätterteigplatte auf einer leicht bemehlten Fläche ausrollen. Dies wird die Basis sein.
e) Die Hälfte der Entenmischung auf den ausgerollten Blätterteig legen und ihn in der Mitte zu einem Klotz formen.
f) Die zweite Blätterteigplatte ausrollen und über die Entenmasse legen, dabei die Ränder verschließen. Schneiden Sie überschüssigen Teig bei Bedarf ab.

g) Schlagen Sie das Ei auf und streichen Sie es über die gesamte Oberfläche des Blätterteigs, um ihm eine goldene Oberfläche zu verleihen.
h) Mit einem Messer dekorative Muster auf den Teig zeichnen.
i) Legen Sie die Entenpastete hinein Croûte auf ein mit Backpapier ausgelegtes Backblech legen.
j) Im vorgeheizten Ofen 35–40 Minuten backen oder bis der Teig goldbraun ist und die Innentemperatur mindestens 71 °C (160 °F) erreicht.
k) Lassen Sie die Entenpastete köcheln Vor dem Schneiden die Croûte etwas abkühlen lassen.
l) Servieren Sie die Entenpastete anschließend Croûte mit knusprigem Brot, Dijon-Senf und Gurken als elegante Vorspeise oder als Teil eines Wurstbretts. Genießen Sie die reichhaltigen und herzhaften Aromen dieses klassischen französischen Gerichts!

54. Huhn de Croûte mit Salami, Schweizer Käse und Blauschimmelkäse

ZUTATEN:
FÜR DIE HÜHNCHENFÜLLUNG:
- 4 Hähnchenbrustfilets ohne Knochen und Haut
- Salz und schwarzer Pfeffer nach Geschmack
- 2 Tassen frischer Spinat, gehackt
- 1/2 Tasse scharfe Salami, in dünne Scheiben geschnitten
- 1/2 Tasse Schweizer Käse, gerieben
- 1/4 Tasse Blauschimmelkäse, zerbröselt
- 2 Knoblauchzehen, gehackt
- 2 EL Olivenöl

FÜR DEN BLÄTTERTEIG:
- 2 Blätterteigblätter, aufgetaut
- dijon Senf

ZUR MONTAGE:
- 1 Ei (zum Waschen der Eier)

ANWEISUNGEN:
FÜR DIE HÜHNCHENFÜLLUNG:
a) Heizen Sie den Ofen auf 400 °F (200 °C) vor.
b) Die Hähnchenbrüste mit Salz und schwarzem Pfeffer würzen.
c) In einer Pfanne Olivenöl bei mittlerer bis hoher Hitze erhitzen. Gehackten Knoblauch anbraten, bis er duftet.
d) Gehackten Spinat in die Pfanne geben und kochen, bis er zusammenfällt. Vom Herd nehmen und abkühlen lassen.
e) Legen Sie die Hähnchenbrüste aus und drücken Sie sie mit einem Fleischhammer leicht flach.
f) Jede Hähnchenbrust mit Dijon-Senf bestreichen.
g) Den sautierten Spinat, die scharfe Salami, den Schweizer Käse und den Blauschimmelkäse gleichmäßig auf jeder Hähnchenbrust verteilen.
h) Rollen Sie jede Hähnchenbrust auf, um die Füllung zu umhüllen. Bei Bedarf mit Zahnstochern fixieren.

FÜR DEN BLÄTTERTEIG:
i) Eine Blätterteigplatte auf einer leicht bemehlten Fläche ausrollen.
j) Legen Sie die aufgerollten Hähnchenbrüste in die Mitte des Blätterteigs.

k) Rollen Sie die zweite Blätterteigplatte aus, legen Sie sie über das Hähnchen und verschließen Sie die Ränder. Schneiden Sie überschüssigen Teig bei Bedarf ab.
l) Schlagen Sie das Ei auf und streichen Sie es über die gesamte Oberfläche des Blätterteigs, um ihm eine goldene Oberfläche zu verleihen.
m) Mit einem Messer dekorative Muster auf den Teig zeichnen.
n) Legen Sie das Huhn hinein Croûte auf ein mit Backpapier ausgelegtes Backblech legen.
o) Im vorgeheizten Ofen 25–30 Minuten backen oder bis der Teig goldbraun ist und die Innentemperatur des Hähnchens 165 °F (74 °C) erreicht.
p) Lassen Sie das Huhn en Vor dem Schneiden die Croûte einige Minuten ruhen lassen.

55. Heißluftfritteuse Lachs auf Croûte

ZUTATEN:
FÜR DEN LACHS:
- 4 Lachsfilets
- Salz und schwarzer Pfeffer nach Geschmack
- 1 Esslöffel Dijon-Senf
- 1 Esslöffel Olivenöl
- Zitronenschale

FÜR DEN BLÄTTERTEIG:
- 2 Blätterteigblätter, aufgetaut
- Mehl zum Bestäuben
- 1 Ei (zum Waschen der Eier)

ANWEISUNGEN:
FÜR DEN LACHS:
a) Heizen Sie Ihre Heißluftfritteuse auf 190 °C (375 °F) vor.
b) Die Lachsfilets mit Salz, schwarzem Pfeffer und einem Schuss Olivenöl würzen.
c) Auf jedes Lachsfilet eine dünne Schicht Dijon-Senf streichen.
d) Den mit Senf bestrichenen Lachs mit Zitronenschale bestreuen.

FÜR DEN BLÄTTERTEIG:
e) Die Blätterteigblätter auf einer leicht bemehlten Fläche ausrollen.
f) Schneiden Sie jedes Blatt in eine Größe, die groß genug ist, um ein Lachsfilet einzuwickeln.
g) In die Mitte jedes Blätterteigstücks ein Lachsfilet legen.
h) Falten Sie den Blätterteig über den Lachs und verschließen Sie die Ränder. Schneiden Sie überschüssigen Teig bei Bedarf ab.
i) Schlagen Sie das Ei auf und streichen Sie es über die gesamte Oberfläche des Blätterteigs, um ihm eine goldene Oberfläche zu verleihen.
j) Übertragen Sie die eingewickelten Lachsfilets vorsichtig in den Heißluftfritteusenkorb.
k) Bei 190 °C (375 °F) 15–20 Minuten an der Luft braten oder bis der Blätterteig goldbraun und der Lachs durchgegart ist.
l) Lassen Sie den Air Fryer Salmon en Vor dem Servieren die Croûte einige Minuten ruhen lassen.

56. Nepalesische Regenbogenforelle auf der Croûte

ZUTATEN:
FÜR DIE FORELLE:
- 4 Regenbogenforellenfilets
- Salz und schwarzer Pfeffer nach Geschmack
- 1 Esslöffel Pflanzenöl
- 1 Teelöffel gemahlener Kreuzkümmel
- 1 Teelöffel gemahlener Koriander
- 1 Teelöffel Kurkuma
- 1 Teelöffel Garam Masala
- 1 Teelöffel Chilipulver (nach Geschmack anpassen)
- Saft von 1 Limette

FÜR DEN BLÄTTERTEIG:
- 2 Blätterteigblätter, aufgetaut
- Mehl zum Bestäuben
- 1 Ei (zum Waschen der Eier)

FÜR DIE FÜLLUNG:
- 1 Tasse gekochter Basmatireis
- 1/2 Tasse Erbsen, gekocht
- 1/2 Tasse gehackter Koriander
- 1/2 Tasse gehackte Minze
- 1/4 Tasse geröstete Cashewnüsse, gehackt
- Salz und schwarzer Pfeffer nach Geschmack

ANWEISUNGEN:
FÜR DIE FORELLE:
a) Heizen Sie Ihren Backofen auf 400 °F (200 °C) vor.
b) Die Forellenfilets mit einem Papiertuch trocken tupfen und mit Salz und schwarzem Pfeffer würzen.
c) In einer kleinen Schüssel gemahlenen Kreuzkümmel, gemahlenen Koriander, Kurkuma, Garam Masala, Chilipulver und Limettensaft zu einer Gewürzpaste vermischen.
d) Reiben Sie die Gewürzpaste auf beiden Seiten jedes Forellenfilets ein.
e) Pflanzenöl in einer Pfanne bei mittlerer bis hoher Hitze erhitzen. Die Forellenfilets auf jeder Seite 1-2 Minuten anbraten, damit die Außenseite braun wird. Vom Herd nehmen.

FÜR DIE FÜLLUNG:
f) In einer Schüssel gekochten Basmatireis, Erbsen, gehackten Koriander, gehackte Minze und geröstete Cashewnüsse vermischen. Mit Salz und schwarzem Pfeffer würzen. Gut mischen.

FÜR DEN BLÄTTERTEIG:
g) Die Blätterteigblätter auf einer leicht bemehlten Fläche ausrollen.
h) Geben Sie eine Portion der Reis-Kräuter-Füllung in die Mitte jedes Blätterteigstücks.
i) Ein gebratenes Forellenfilet auf die Reisfüllung legen.
j) Falten Sie den Blätterteig über die Forelle und verschließen Sie die Ränder. Schneiden Sie überschüssigen Teig bei Bedarf ab.
k) Schlagen Sie das Ei auf und streichen Sie es über die gesamte Oberfläche des Blätterteigs, um ihm eine goldene Oberfläche zu verleihen.

BACKEN:
l) Übertragen Sie die eingewickelte Forelle vorsichtig auf ein mit Backpapier ausgelegtes Backblech.
m) Im vorgeheizten Ofen 20-25 Minuten backen oder bis der Blätterteig goldbraun ist.
n) Erlauben Sie den nepalesischen Regenbogenforellen Vor dem Servieren die Croûte einige Minuten ruhen lassen.

57. Granatapfel-Brie en Croûte

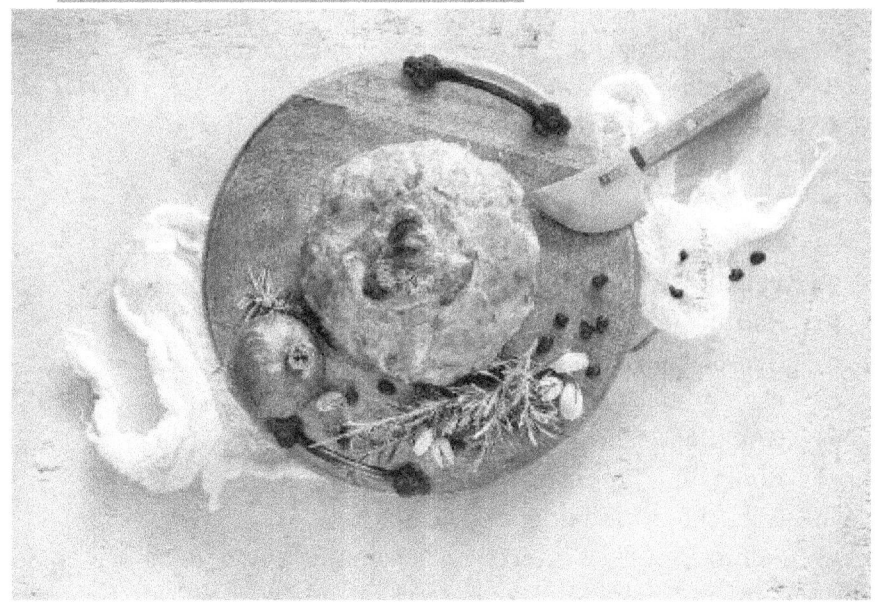

ZUTATEN:
- 1 Laib Brie-Käse (ca. 8 Unzen)
- 1 Blatt Blätterteig, aufgetaut
- 1/2 Tasse Granatapfelkerne
- 1/4 Tasse Honig
- 1/4 Tasse gehackte Pekannüsse oder Walnüsse
- 1 Ei (zum Waschen der Eier)

ANWEISUNGEN:
a) Heizen Sie den Ofen auf 400 °F (200 °C) vor.
b) Den Blätterteig auf einer leicht bemehlten Fläche ausrollen.
c) Platzieren Sie das Brie-Rad in der Mitte des Blätterteigs.
d) Granatapfelkerne gleichmäßig über den Brie streuen.
e) Honig über die Granatapfelkerne träufeln.
f) Gehackte Nüsse über den Honig streuen.
g) Falten Sie den Blätterteig über den Brie und verschließen Sie die Ränder. Schneiden Sie überschüssigen Teig bei Bedarf ab.
h) Schlagen Sie das Ei auf und streichen Sie es über die gesamte Oberfläche des Blätterteigs, um ihm eine goldene Oberfläche zu verleihen.
i) Mit einem Messer dekorative Muster auf den Teig zeichnen.
j) Den Granatapfel-Brie vorsichtig umfüllen Auf ein mit Backpapier ausgelegtes Backblech legen .
k) Im vorgeheizten Ofen 20–25 Minuten backen oder bis der Blätterteig goldbraun ist.
l) Lassen Sie den Granatapfel-Brie en Vor dem Servieren die Croûte einige Minuten ruhen lassen.

58. Heilbutt de Croûte mit Estragon-Zitronencreme

ZUTATEN:
FÜR DEN HEILBUTT:
- 4 Heilbuttfilets (je 6 Unzen)
- Salz und schwarzer Pfeffer nach Geschmack
- 1 Esslöffel Olivenöl
- 1 Esslöffel Dijon-Senf
- 1 Esslöffel frischer Zitronensaft

FÜR DEN BLÄTTERTEIG:
- 2 Blätterteigblätter, aufgetaut
- Mehl zum Bestäuben
- 1 Ei (zum Waschen der Eier)

FÜR DIE ESTRAGON-ZITRONEN-CREME:
- 1 Tasse Sahne
- Schale von 1 Zitrone
- 1 Esslöffel frischer Zitronensaft
- 2 Esslöffel frischer Estragon, gehackt
- Salz und schwarzer Pfeffer nach Geschmack

ANWEISUNGEN:
FÜR DEN HEILBUTT:
a) Heizen Sie den Ofen auf 400 °F (200 °C) vor.
b) Die Heilbuttfilets mit Salz und schwarzem Pfeffer würzen.
c) In einer kleinen Schüssel Olivenöl, Dijon-Senf und frischen Zitronensaft vermischen.
d) Die Heilbuttfilets mit der Senf-Zitronen-Mischung bestreichen.

FÜR DEN BLÄTTERTEIG:
e) Die Blätterteigblätter auf einer leicht bemehlten Fläche ausrollen.
f) In die Mitte jedes Blätterteigstücks ein Heilbuttfilet legen.
g) Die zweite Blätterteigplatte ausrollen und über die Heilbuttfilets legen, dabei die Ränder verschließen. Schneiden Sie überschüssigen Teig bei Bedarf ab.
h) Schlagen Sie das Ei auf und streichen Sie es über die gesamte Oberfläche des Blätterteigs, um ihm eine goldene Oberfläche zu verleihen.

BACKEN:

i) Den eingewickelten Heilbutt vorsichtig auf ein mit Backpapier ausgelegtes Backblech legen.
j) Im vorgeheizten Ofen 20–25 Minuten backen oder bis der Blätterteig goldbraun und der Heilbutt durchgegart ist.

FÜR DIE ESTRAGON-ZITRONEN-CREME:
k) In einem Topf die Sahne bei mittlerer Hitze erhitzen.
l) Zitronenschale, Zitronensaft, gehackten Estragon, Salz und schwarzen Pfeffer hinzufügen. Gut umrühren.
m) Die Sahnemischung einige Minuten köcheln lassen, bis sie leicht eindickt.

MONTAGE:
n) Einmal der Heilbutt en Teigmantel Nach dem Backen einige Minuten ruhen lassen.
o) Den Heilbutt auf einem Teller servieren und mit der Estragon-Zitronen-Creme beträufeln.
p) Nach Belieben mit zusätzlichem frischem Estragon garnieren.

59. Meerforelle Coulibiac en Croûte

ZUTATEN:
FÜR DIE MEERSFORELLE:
- 4 Meerforellenfilets (je etwa 170 g)
- Salz und schwarzer Pfeffer nach Geschmack
- Zitronensaft zum Marinieren

FÜR DIE REISFÜLLUNG:
- 1 Tasse Jasminreis, gekocht
- 1 kleine Zwiebel, fein gehackt
- 2 Esslöffel Butter
- 1 Tasse Champignons, fein gehackt
- 1/2 Tasse Spinat, gehackt
- 1 Esslöffel frischer Dill, gehackt
- Salz und schwarzer Pfeffer nach Geschmack

ZUR MONTAGE:
- 2 Blätterteigblätter, aufgetaut
- Mehl zum Bestäuben
- Dijon-Senf zum Bestreichen
- 1 Ei (zum Waschen der Eier)

ANWEISUNGEN:
FÜR DIE MEERSFORELLE:
a) Die Meerforellenfilets mit Salz, schwarzem Pfeffer und einem Spritzer Zitronensaft würzen. Lassen Sie sie mindestens 15 Minuten lang marinieren.

FÜR DIE REISFÜLLUNG:
b) In einer Pfanne gehackte Zwiebeln in Butter anbraten, bis sie weich sind.
c) Gehackte Pilze in die Pfanne geben und kochen, bis sie ihre Feuchtigkeit abgeben.
d) Gekochten Jasminreis, gehackten Spinat und frischen Dill unterrühren. Mit Salz und schwarzem Pfeffer würzen. Kochen, bis die Mischung gut vermischt ist . Lassen Sie es abkühlen.

ZUR MONTAGE:
e) Heizen Sie den Ofen auf 400 °F (200 °C) vor.
f) Die Blätterteigblätter auf einer leicht bemehlten Fläche ausrollen.
g) Ein Blech auf ein mit Backpapier ausgelegtes Backblech legen.

h) Den Blätterteig mit Dijon-Senf bestreichen.
i) Die Hälfte der Reisfüllung auf dem Blätterteig verteilen.
j) Die marinierten Meerforellenfilets auf die Reisfüllung legen.
k) Die Forelle mit der restlichen Reisfüllung bedecken.
l) Die zweite Blätterteigplatte ausrollen und über die Füllung legen, dabei die Ränder verschließen. Schneiden Sie überschüssigen Teig bei Bedarf ab.
m) Schlagen Sie das Ei auf und streichen Sie es über die gesamte Oberfläche des Blätterteigs, um ihm eine goldene Oberfläche zu verleihen.
n) Mit einem Messer dekorative Muster auf den Teig zeichnen.
o) Im vorgeheizten Ofen 25–30 Minuten backen oder bis der Blätterteig goldbraun ist.
p) Erlauben Sie den Ocean Trout Coulibiac de Vor dem Schneiden die Croûte einige Minuten ruhen lassen.

60. Mango-Hähnchen en Croûte

ZUTATEN:
- 4 Hähnchenbrüste
- Salz und schwarzer Pfeffer nach Geschmack
- 1 Tasse gewürfelte Mango
- 1/2 Tasse Kokosraspeln
- 1/4 Tasse gehackter Koriander
- 1 Esslöffel Currypulver
- 2 Blätterteigblätter, aufgetaut
- 1 Ei (zum Waschen der Eier)

ANWEISUNGEN:

a) Hähnchenbrust mit Salz, schwarzem Pfeffer und Currypulver würzen. Braten Sie sie an, bis sie goldbraun sind.

b) Mangowürfel, Kokosraspeln und gehackten Koriander mischen.

c) Hähnchen auf Blätterteig legen, mit Mangomischung belegen und einwickeln.

d) Goldbraun backen.

61. Caprese En Croûte

ZUTATEN:
- 4 große Tomaten, in Scheiben geschnitten
- 8 Unzen frischer Mozzarella, in Scheiben geschnitten
- Frische Basilikumblätter
- Salz und schwarzer Pfeffer nach Geschmack
- 2 Blätterteigblätter, aufgetaut
- Balsamico-Glasur zum Beträufeln
- 1 Ei (zum Waschen der Eier)

ANWEISUNGEN:

a) Tomatenscheiben, frischen Mozzarella und Basilikumblätter auf den Blätterteig schichten.

b) Mit Salz und schwarzem Pfeffer würzen. Den Teig über die Schichten falten, verschließen und goldbraun backen. Vor dem Servieren mit Balsamico-Glasur beträufeln.

62.Pesto-Garnelen en Croûte

ZUTATEN:
- 1 Pfund große Garnele, geschält und entdarmt
- 1/2 Tasse Pestosauce
- Schale von 1 Zitrone
- 2 Blätterteigblätter, aufgetaut
- Zitronen-Aioli zum Dippen
- 1 Ei (zum Waschen der Eier)

ANWEISUNGEN:
a) Garnelen mit Pesto und Zitronenschale vermengen. Garnelen auf den Blätterteig legen, falten und verschließen.
b) Goldbraun backen. Mit Zitronen-Aioli zum Dippen servieren.

63. Butternusskürbis und Salbei En Teigmantel

ZUTATEN:
- 1 kleiner Butternusskürbis, geschält und gewürfelt
- Frische Salbeiblätter
- Salz und schwarzer Pfeffer nach Geschmack
- 2 Esslöffel Ahornsirup
- 2 Blätterteigblätter, aufgetaut
- 1 Ei (zum Waschen der Eier)

ANWEISUNGEN:
a) Butternusskürbis mit Salbei, Salz und schwarzem Pfeffer rösten. Die Mischung auf den Blätterteig geben, falten und verschließen.
b) Goldbraun backen. Vor dem Servieren mit Ahornsirup beträufeln.

64. Feigen- und Ziegenkäse En Teigmantel

ZUTATEN:
- 1 Lamm Ziegenkäse
- 1/2 Tasse Feigenmarmelade
- 1/4 Tasse gehackte Walnüsse
- 2 Blätterteigblätter, aufgetaut
- Balsamico-Reduktion zum Beträufeln
- 1 Ei (zum Waschen der Eier)

ANWEISUNGEN:

a) Den Blätterteig mit Feigenmarmelade bestreichen, den Ziegenkäse in die Mitte legen, mit gehackten Walnüssen bestreuen und einwickeln.

b) Goldbraun backen. Vor dem Servieren mit Balsamico-Reduktion beträufeln.

65. Pilz- und Trüffelöl En Teigmantel

ZUTATEN:
- 2 Tassen verschiedene Pilze, fein gehackt
- 2 Esslöffel Trüffelöl
- 1/4 Tasse geriebener Parmesan
- 2 Blätterteigblätter, aufgetaut
- 1 Ei (zum Waschen der Eier)

ANWEISUNGEN:
a) Pilze in Trüffelöl anbraten, bis sie weich sind. Mit geriebenem Parmesan vermischen.
b) Auf den Blätterteig legen, falten und verschließen. Goldbraun backen.

66. Süßkartoffel und Feta En Teigmantel

ZUTATEN:
- 2 Tassen Süßkartoffeln, püriert
- 1/2 Tasse zerbröselter Feta-Käse
- 1 Esslöffel gehackter frischer Rosmarin
- 2 Blätterteigblätter, aufgetaut
- Honig zum Beträufeln
- 1 Ei (zum Waschen der Eier)

ANWEISUNGEN:

a) Süßkartoffelpüree mit Feta und Rosmarin vermischen. Auf den Blätterteig legen, falten und verschließen.

b) Goldbraun backen. Vor dem Servieren mit Honig beträufeln.

67. Mit Prosciutto umwickelter Spargel En Croûte

ZUTATEN:
- 1 Bund Spargel, blanchiert
- Dünn geschnittener Prosciutto
- Schale von 1 Zitrone
- 2 Blätterteigblätter, aufgetaut
- 1 Ei (zum Waschen der Eier)

ANWEISUNGEN:
a) Spargelstangen mit Prosciutto umwickeln. Auf den Blätterteig legen, falten und verschließen.
b) Goldbraun backen. Vor dem Servieren mit Zitronenschale bestreuen.

STRUDEL

68.Geschmorter Schweinefleischstrudel mit grüner Apfelsauce

ZUTATEN:
- 4 Esslöffel Schmalz
- 2 Pfund Schweineschulter, in 1/8-Zoll-Würfel geschnitten und mit Salz und Pfeffer gewürzt
- 2 Karotten, in 1/4-Zoll-Würfel gewürfelt
- 1 spanische Zwiebel, in 2,5 cm große Würfel geschnitten
- 4 rote ungarische Paprika, in 1/4-Zoll-Würfel geschnitten
- 2 Esslöffel Paprika
- 7 Unzen Speck, in 1/4-Zoll-Würfel geschnitten
- 1/4 Esslöffel gemahlene Nelken
- 1/4 Teelöffel Zimt
- 2 Tassen Rotwein
- 1 Rezept Strudel (siehe Grundrezept)
- 2 Eigelb, geschlagen
- 1 Rezept grüne Apfelsauce

ANWEISUNGEN:

a) In einer Kasserolle mit dickem Boden das Schmalz erhitzen, bis es raucht. Fügen Sie 5 oder 6 Schweinefleischstücke auf einmal hinzu und braten Sie es goldbraun an. Nehmen Sie Karotten, Zwiebeln, Paprika, Paprika, Speck, Nelken und Zimt heraus, fügen Sie sie hinzu und kochen Sie sie etwa 8 bis 10 Minuten lang, bis sie weich sind.

b) Wein hinzufügen und zum Kochen bringen. Geben Sie das gebräunte Schweinefleisch zurück in den Topf, lassen Sie es erneut aufkochen, reduzieren Sie dann die Hitze und lassen Sie es 1½ Stunden lang köcheln, bis das Fleisch sehr zart ist. Mit Salz und Pfeffer würzen und 4 Stunden im Kühlschrank ruhen lassen.

c) Heizen Sie den Ofen auf 375 F vor. Rollen Sie den Strudelteig zu einem 10 x 14 Zoll großen Rechteck aus. Den kalten Schweineeintopf in die Mitte legen und wie einen Strudel aufrollen.

d) Bewahren Sie abgeschnittene Teigstücke auf, um den Strudel mit einem Motiv oder dem Namen eines geliebten Menschen zu garnieren. Mit geschlagenem Eigelb bestreichen, auf ein Backblech legen und 50 bis 60 Minuten backen, bis es goldbraun und innen kochend heiß ist.

e) Den Strudel 10 Minuten ruhen lassen und mit grünem Apfelmus servieren.

69. Hühnchen- und Andouille-Strudel

ZUTATEN:
- 1 Esslöffel Pflanzenöl
- 4 Unzen Andouille-Wurst, in 1-Zoll-Würfel geschnitten
- 1/2 Tasse gehackte Zwiebeln
- 1 Esslöffel gehackter Knoblauch
- Salz und Cayennepfeffer nach Geschmack
- 1/4 Tasse Wasser
- 1 Tasse süße BBQ-Sauce
- 1 Esslöffel gehackte Petersilie
- 3 Esslöffel geriebener Parmigiano-Reggiano-Käse
- 4 Blätter Blätterteig

ANWEISUNGEN:

a) Heizen Sie den Ofen auf 375 Grad F vor.

b) In einer Bratpfanne bei mittlerer Hitze das Öl hinzufügen. Das Huhn mit Essenz würzen. Wenn das Öl heiß ist, das Hähnchen dazugeben und unter ständigem Rühren etwa 2 bis 3 Minuten anbraten.

c) Andouille hinzufügen und weitere 2 Minuten anbraten. Zwiebeln und Knoblauch dazugeben und 5 Minuten anbraten. Mit Salz und Cayennepfeffer würzen.

d) Wasser, 1/2 Tasse BBQ-Sauce, Petersilie und Käse hinzufügen. 1 Minute köcheln lassen. Vom Herd nehmen und die Semmelbrösel unterrühren . Lassen Sie die Mischung vollständig abkühlen.

e) Stapeln Sie die vier Blätterteigblätter übereinander und schneiden Sie alles in Drittel, sodass 12 Blätter entstehen. Teilen Sie die Blätter in vier 3-Blatt-Stapel auf und bedecken Sie die Blätter mit einem feuchten Tuch, um ein Austrocknen zu verhindern.

f) Bestreichen Sie die Oberseite jedes Stapels leicht mit Pflanzenöl. Geben Sie 1/4 Tasse der Hühnermischung auf die Unterkante jedes Phyllo-Stapels.

g) Falten Sie zwei Seiten des Phyllo etwa 1/4 Zoll zur Mitte hin. Rollen Sie das Phyllo von unten beginnend fest auf und drücken Sie jede Schicht fest, um sie zu schließen. Jeden Strudel leicht mit Öl bestreichen.

h) Ein Backblech mit Backpapier auslegen. Legen Sie die Strudel im Abstand von etwa 5 cm auf das Papier und backen Sie sie 15 Minuten lang oder bis sie goldbraun sind.

i) Aus dem Ofen nehmen, jeden Strudel diagonal halbieren und mit der restlichen BBQ-Sauce und geriebenem Käse servieren.

70. Langustenstrudel mit zwei Saucen

ZUTATEN:
- 1 Esslöffel Sesamöl
- 1 gelbe Zwiebel, in Julienne geschnitten
- 1 rote Paprika, julieniert
- 1 gelbe Paprika, julieniert
- 1 grüne Paprika, julieniert
- 1 Bund Frühlingszwiebel, in Scheiben geschnitten
- 6 Unzen Bok Choy, Julienne
- 4 Unzen Bambussprossen in Dosen
- 2 Unzen Shiitake-Pilze, in Scheiben geschnitten
- 2 Karotten, julieniert
- 1 Pfund Langustenschwänze
- 2 Esslöffel Hoisinsauce
- 3 Esslöffel Sojasauce
- 2 Esslöffel frischer Ingwer
- 2 Knoblauchzehen, gehackt
- 1/2 Teelöffel Cayennepfeffer
- 1/4 Teelöffel gemahlener schwarzer Pfeffer
- 1/4 Teelöffel rosa Pfefferkörner
- Salz nach Geschmack
- 1 Pfund geschmolzene Butter
- 1 Pfund Filoteig

ANWEISUNGEN:

a) In einem großen, schweren Topf Sesamöl erhitzen. Rote, gelbe und grüne Paprika dazugeben und anbraten, bis sie weich sind.
b) Frühlingszwiebeln, Pak Choi, Bambussprossen, Shiitake-Pilze und Karotten hinzufügen. Weiter anbraten, bis das Gemüse weich ist.
c) Langustenschwänze, Hoisinsauce, Sojasauce, frischen Ingwer, gehackten Knoblauch, Cayennepfeffer, gemahlenen schwarzen Pfeffer, rosa Pfefferkörner und Salz nach Geschmack hinzufügen. Kochen, bis die Mischung al dente ist. Abtropfen lassen und in einem Sieb abkühlen lassen.
d) Heizen Sie den Ofen auf 350 Grad F vor. Schmelzen Sie die Butter und legen Sie Filoteigblätter auf eine Arbeitsfläche. Die geschmolzene Butter zwischen die Blätter streichen (insgesamt 7 Blätter).
e) Legen Sie die Langustenmischung auf das untere Ende der Filoblätter. Fest aufrollen und mit zerlassener Butter verschließen.
f) Im vorgeheizten Backofen backen, bis der Filoteig goldbraun ist.
g) Bereiten Sie zwei Saucen vor und legen Sie sie auf jede Seite des Tellers. Den Langustenstrudel auf den Soßen servieren.
h) Passen Sie die Ingwermenge je nach Geschmacksvorlieben an.

71. Herzhafter Lachsstrudel mit Dill

ZUTATEN:
- 1 Pfund Lachsfilet, 1 Zoll dick, ohne Haut
- Kochspray mit Buttergeschmack
- 1/4 Teelöffel Salz
- 1/4 Teelöffel Knoblauchpulver
- 1/4 Teelöffel frisch gemahlener Pfeffer
- 1 1/4 Tassen rote Kartoffeln, gewürfelt
- 3/4 Tasse eingedampfte Magermilch
- 1/2 Lauch, in dünne Scheiben geschnitten
- 2 Teelöffel Wasser
- 1/2 Teelöffel Maisstärke
- 1 Teelöffel getrockneter Dill
- 3 Esslöffel geriebener Parmesankäse
- 8 Blätter Blätterteig

ANWEISUNGEN:

a) Legen Sie das Lachsfilet auf eine mit Kochspray beschichtete Grillpfanne. Mit Salz, Pfeffer und Knoblauchpulver bestreuen. Grillen, bis der Fisch leicht zerfällt. In kleine Stücke schneiden und beiseite stellen.
b) Heizen Sie den Ofen auf 350 °F vor.
c) In einem kleinen Topf Kartoffeln, Milch und Lauch vermischen. Zum Kochen bringen. Abdecken, Hitze reduzieren und 10 Minuten köcheln lassen, bis die Kartoffel weich ist.
d) In einer kleinen Schüssel Wasser und Maisstärke vermischen. Zur Kartoffelmischung hinzufügen. Lachsstücke, getrockneten Dill und Parmesankäse hinzufügen. Vorsichtig umrühren und beiseite stellen.
e) Legen Sie ein Phyllo-Blatt auf eine Arbeitsfläche (decken Sie es ab, damit es nicht austrocknet). Leicht mit Kochspray einsprühen. Legen Sie ein weiteres Blatt darauf und sprühen Sie es ein. Wiederholen Sie dies mit allen Phyllo-Blättern.
f) Löffeln Sie die Kartoffelmischung entlang der langen Kante und lassen Sie dabei einen 5 cm breiten Rand frei. Falten Sie die kurzen Ränder des Phyllo um, um die Enden der Kartoffelmischung zu bedecken. Beginnen Sie an der langen Kante (mit dem Rand) und rollen Sie sie wie eine Biskuitrolle auf. Rollen Sie nicht zu fest.
g) Legen Sie den Strudel mit der Nahtseite nach unten auf eine mit Kochspray besprühte Biskuitrolle . Den Strudel leicht mit Kochspray einsprühen.
h) 30 Minuten backen oder bis es goldbraun ist.
i) Servieren und genießen Sie diesen herzhaften Lachsstrudel mit Dill.

72.Lamm- und getrockneter Tomatenstrudel

ZUTATEN:
- 12 Blätter 17 x 12 Zoll großer Phyllo-Teig
- 1 1/2 Tassen kochendes Wasser
- 1/2 Tasse getrocknete Tomaten (nicht in Öl eingelegt), etwa 2 Unzen
- 1/2 Pfund Pilze, in dünne Scheiben geschnitten
- 3/4 Tasse Kalamata oder andere in Salzlake eingelegte schwarze Oliven oder entkernte reife schwarze Oliven, in dünne Scheiben geschnitten
- 1 Esslöffel Olivenöl
- 1 Pfund Lammhackfleisch
- 1 Teelöffel getrockneter Rosmarin, zerbröselt
- 1 Teelöffel getrocknetes Basilikum, zerbröckelt
- 1/2 Teelöffel getrocknete scharfe rote Paprikaflocken
- 1 1/2 Tassen zerbröckelter Feta, etwa 8 Unzen
- 1/2 Tasse geriebener Mozzarella, etwa 3 Unzen
- Etwa 5 Esslöffel Olivenöl (zum Bestreichen)
- Salz und Pfeffer nach Geschmack

ANWEISUNGEN:
a) Decken Sie den Stapel Phyllo-Blätter mit zwei überlappenden Blättern Plastikfolie und dann mit einem feuchten Küchentuch ab.
b) Füllung zubereiten: In einer kleinen Schüssel kochendes Wasser über die Tomaten gießen und 5 Minuten einweichen. Gut abtropfen lassen und in dünne Scheiben schneiden.
c) In einer großen, schweren Pfanne Olivenöl bei mäßig hoher Hitze erhitzen, bis es heiß ist, aber nicht raucht. Pilze mit Salz und Pfeffer abschmecken und unter Rühren anbraten, bis die austretende Flüssigkeit verdampft ist. Pilze in eine große Schüssel geben.
d) Geben Sie das Lammhackfleisch in die Pfanne und kochen Sie es unter Rühren und zerkleinern Sie alle Klumpen, bis es nicht mehr rosa ist. Das Lammfleisch mit den Pilzen in die Schüssel geben und das Fett wegwerfen.
e) Rosmarin , Basilikum und rote Paprikaflocken unter die Lammmischung rühren . 10 Minuten abkühlen lassen. Feta, Mozzarella sowie Salz und Pfeffer nach Geschmack unterrühren.

f) Heizen Sie den Ofen auf 200 °C vor und fetten Sie eine große, flache Backform leicht ein.
g) Stapeln Sie Phyllo zwischen 2 Blatt Wachspapier und bedecken Sie es mit einem trockenen Küchentuch. Legen Sie auf einer Arbeitsfläche zwei 20 Zoll lange Blätter Wachspapier so aus, dass sich die langen Seiten leicht überlappen und zu Ihnen zeigen. Legen Sie 1 Blatt Phyllo auf Wachspapier und bestreichen Sie es leicht mit Öl. Legen Sie auf die gleiche Weise fünf weitere Phylloblätter auf und bestreichen Sie sie . (Der geölte Phyllo-Stapel sollte 6 Blatt dick sein.)
h) Verteilen Sie die Hälfte der Füllung in einem 3 Zoll breiten Streifen und häufen Sie ihn 4 Zoll über der nahen Längsseite auf dem Phyllo an, wobei Sie an jedem Ende einen 2 Zoll breiten Rand lassen.
i) Heben Sie die unteren 10 cm des Teigs mithilfe von Wachspapier als Führung über die Füllung, falten Sie die Enden ein und rollen Sie den Strudel fest auf. Den Strudel vorsichtig mit der Nahtseite nach unten in die Backform legen und leicht mit Öl bestreichen. Aus den restlichen Zutaten auf die gleiche Weise einen weiteren Strudel zubereiten.
j) Strudel in der Mitte des Ofens 25 Minuten lang backen, oder bis sie goldbraun sind. Kühle Strudel zum Erwärmen in der Pfanne auf einem Rost.
k) Strudel mit einem gezackten Messer in 2,5 cm dicke Scheiben schneiden und warm servieren.
l) Genießen Sie diesen würzigen Lamm- und getrockneten Tomatenstrudel!

73. Marokkanischer Gemüsestrudel

ZUTATEN:
- 1 Zwiebel, in Scheiben geschnitten
- 2 Knoblauchzehen, geputzt
- 2 Karotten, in Scheiben geschnitten
- 1 rote Paprika, in Stücke geschnitten
- 1 Süßkartoffel, geschält und in Stücke geschnitten
- 1 Knollensellerie, geschält und geschnitten
- 2 Pflaumentomaten, in 8 Spalten geschnitten
- 1/4 Tasse Olivenöl (50 ml)
- 2 Teelöffel Salz (10 ml)
- 2 Tassen gekochter Couscous, Reis oder Weizenbeeren (500 ml)
- 1 Esslöffel frischer Thymian (15 ml)
- 2 Esslöffel Wasser (25 ml)
- 1/2 Tasse Semmelbrösel (125 ml)
- 6 Unzen Ziegenkäse, zerbröselt (optional) (175 g)
- 1/4 Tasse gehackter frischer Basilikum (50 ml)
- 10 Blätter Blätterteig
- 1/3 Tasse ungesalzene Butter, geschmolzen (oder Olivenöl) (75 ml)

ANWEISUNGEN:

a) Gemüse auf einem mit Backpapier ausgelegten Backblech anrichten. Mit Olivenöl beträufeln und mit Salz und Thymian bestreuen. Im Ofen bei 210 °C (425 °F) 50 bis 60 Minuten lang rösten oder bis das Gemüse sehr zart ist.

b) Drücken Sie den Knoblauch aus der Schale und vermischen Sie ihn mit Gemüse, gekochtem Getreide, Ziegenkäse (falls verwendet) und Basilikum.

c) Ordnen Sie zwei Blätter Phyllo getrennt auf Geschirrtüchern an. Decken Sie den restlichen Phyllo mit Plastikfolie ab.

d) Filoblätter mit zerlassener Butter (mit Wasser vermischt) bestreichen und mit Semmelbröseln bestreuen. Wiederholen Sie dies mit dem restlichen Phyllo und bilden Sie zwei Stapel mit jeweils 5 Blättern.

e) Die Gemüsemischung auf einer Längsseite des Phyllo verteilen und aufrollen.

f) Vorsichtig auf ein Backblech geben. Machen Sie diagonale Schnitte durch die oberste Teigschicht. Bei 400 °F/200 °C 30 bis 40 Minuten backen, bis es gut gebräunt ist.

CHARMOULA-SAUCE:

g) Kombinieren Sie 1 gehackte Knoblauchzehe mit je 1 Teelöffel (5 ml) gemahlenem Kreuzkümmel und Paprika und 1/2 Teelöffel (2 ml) Cayennepfeffer.

h) 1/2 Tasse (125 ml) Mayonnaise oder Joghurtkäse oder eine Kombination einrühren. Fügen Sie 1 Esslöffel (15 ml) Zitronensaft und 2 Esslöffel (25 ml) gehackten frischen Koriander hinzu.

i) Servieren Sie die marokkanischen Gemüsestrudelscheiben mit Charmoula- Sauce. Genießen!

74. Geräucherter Lachs und Brie-Strudel

ZUTATEN:
- 1/2 Tasse getrockneter gemahlener Senf
- 1/2 Tasse weißer Kristallzucker
- 1/4 Tasse Reisweinessig
- 1/4 Tasse zubereiteter gelber Senf
- 1 Esslöffel Sesamöl
- 2 Esslöffel Sojasauce
- 1 1/2 Teelöffel Paprika
- 1/4 Teelöffel Cayennepfeffer
- 3 Blätter Blätterteig
- 1/4 Tasse geschmolzene Butter
- 1/4 Tasse gehackte frische milde Kräuter
- 1 Laib Brie-Käse (8 oz)
- 1/2 Pfund geschnittener Räucherlachs
- 1 Baguette, in 1/2-Zoll-Stücke geschnitten und leicht geröstet

ANWEISUNGEN:

a) Den Backofen auf 400 Grad vorheizen.
b) In einer Rührschüssel getrockneten gemahlenen Senf, Zucker, Reisweinessig, gelben Senf, Sesamöl, Sojasauce, Paprika und Cayennepfeffer verrühren. Die Mischung beiseite stellen.
c) Legen Sie die drei Blätterteigstücke auf eine ebene Fläche. Die Teigenden mit zerlassener Butter bestreichen.
d) In der Mitte des Filoteigs etwas Senfmischung verteilen. Den Kreis aus der Senfmischung mit den gehackten Kräutern bestreuen.
e) Den Lachs mit Salz und Pfeffer würzen. Wickeln Sie das Brie-Rad mit den Lachsscheiben ein, sodass die Scheiben einander überlappen. Wickeln Sie den Käse wie ein Paket ein.
f) Legen Sie den mit Lachs umwickelten Brie in die Mitte des Senf-/Kräuterkreises. Falten Sie zwei Enden des Phyllo-Teigs zur Mitte hin. Falten Sie die restlichen Enden zusammen, so dass ein Paket entsteht. Vollständig verschließen.
g) Den Teig auf ein mit Backpapier ausgelegtes Backblech legen, sodass die gefalteten Ränder auf dem Pergamentpapier liegen.
h) Den Teig leicht mit der restlichen geschmolzenen Butter bestreichen.
i) Stellen Sie die Pfanne in den Ofen und backen Sie sie etwa 10 bis 12 Minuten lang goldbraun.
j) Aus dem Ofen nehmen und vor dem Schneiden leicht abkühlen lassen. Auf Croutons mit der restlichen Senfsauce servieren.
k) Genießen Sie Ihren köstlichen Räucherlachs-Brie-Strudel!

75. Geräucherte Forelle und gegrillter Apfelstrudel

ZUTATEN:
- 2 Granny-Smith-Äpfel, entkernt und in 1/2-Zoll-Ringe geschnitten
- 1 Esslöffel Olivenöl
- Salz und Pfeffer nach Geschmack
- 1/2 Pfund geräucherte Forelle, in kleine Stücke geschnitten
- 2 Esslöffel Schalotten, gehackt
- 1/4 Tasse Frischkäse, Zimmertemperatur
- 2 Esslöffel Schnittlauch, fein gehackt
- 5 Blätter Phyllo-Teig
- 1/2 Tasse Butter, geschmolzen

ANWEISUNGEN:

a) Den Grill vorheizen. Den Backofen auf 400 Grad vorheizen.

b) Die Äpfel mit Olivenöl vermengen und mit Salz und Pfeffer würzen. Auf den Grill legen und von jeder Seite 2 Minuten grillen. Vom Grill nehmen und die Äpfel in kleine Würfel schneiden.

c) In einer Rührschüssel die gewürfelten Äpfel, die geräucherte Forelle und die gehackten Schalotten vermischen. Die Masse mit Frischkäse binden. Den Schnittlauch unterrühren. Mit Salz und Pfeffer würzen.

d) Jedes Filoblatt mit zerlassener Butter bestreichen. 1/3 des Phyllo mit der Apfel-Forellen-Füllung bestreichen.

e) Rollen Sie den Strudel mit der Füllseite zu sich hin wie eine Biskuitrolle auf . Auf ein mit Backpapier ausgelegtes Backblech legen und mit der restlichen Butter bestreichen.

f) 15 Minuten backen oder bis der Strudel goldbraun ist.

g) Den Strudel schräg aufschneiden und auf einer Platte anrichten. Mit Schnittlauch und Essenz garnieren.

h) Genießen Sie Ihre köstliche geräucherte Forelle und gegrillten Apfelstrudel!

76. Wildpilzstrudel

ZUTATEN:
- 1 Esslöffel Olivenöl
- 1 kleine gelbe Zwiebel, gehackt
- 2 Schalotten, gehackt
- 3 Knoblauchzehen, gehackt
- 1 Tasse Rotwein
- 4 Tassen geschnittene Waldpilze
- 1/2 Tasse frisch geriebener Parmesankäse
- 1/3 Tasse Weicher, milder Ziegenkäse oder Ricottakäse
- 1/4 Tasse geröstete, ungewürzte Semmelbrösel
- 2 Teelöffel gehacktes frisches Basilikum
- 1 Teelöffel gehackter frischer Rosmarin
- 1/2 Teelöffel gemahlener schwarzer Pfeffer
- Salz, nach Geschmack
- 4 Blätter Phyllo-Teig
- 4 Esslöffel ungesalzene Butter, geschmolzen
- Geröstete rote Paprika-Basilikum-Sauce

ANWEISUNGEN:
a) Den Backofen auf 350 Grad vorheizen. Ein Backblech mit Backpapier auslegen.
b) Für die Füllung Olivenöl in einer großen Bratpfanne bei starker Hitze erhitzen, bis es sehr heiß ist. Zwiebeln, Schalotten und Knoblauch dazugeben und etwa 1 Minute anbraten, bis es duftet.
c) Den Rotwein hinzufügen und etwa 4 Minuten lang auf die Hälfte reduzieren. Fügen Sie die Pilze hinzu und kochen Sie sie 4 bis 5 Minuten lang, bis sie gerade weich sind und der größte Teil der Flüssigkeit eingekocht ist . Vom Herd nehmen und die Füllung etwas abkühlen lassen. Geben Sie die Füllung in eine große Schüssel und lassen Sie sie vollständig abkühlen.
d) Parmesan und Ziegenkäse unterheben. Semmelbrösel , Basilikum, Rosmarin und schwarzen Pfeffer hinzufügen . Gut vermischen, mit Salz abschmecken und beiseite stellen.
e) Legen Sie 2 Blätter Blätterteig auf eine saubere, trockene Arbeitsfläche und bestreichen Sie das obere Blatt großzügig mit

zerlassener Butter. Legen Sie zwei weitere Phyllo-Blätter darauf und bestreichen Sie das obere Blatt erneut mit Butter.

f) Geben Sie die Füllung in die Mitte des Teigs und verteilen Sie ihn so, dass ein Rechteck entsteht, wobei ein 5 cm breiter Rand übrig bleibt. Falten Sie eines der kurzen Teigenden etwa 2,5 cm über die Füllung. Falten Sie eines der langen Enden etwa 2,5 cm über die Füllung und rollen Sie es vorsichtig zu einem Block zusammen.
g) Legen Sie den Strudel mit der Nahtseite nach unten auf das vorbereitete Backblech und schneiden Sie entlang der Oberseite 1/4 Zoll tiefe Schlitze aus.
h) Im Ofen 25 bis 30 Minuten backen, bis sie goldbraun sind.
i) Aus dem Ofen nehmen und auf der Pfanne abkühlen lassen. Den Strudel mit einem gezackten Messer in 8 Stücke schneiden.
j) Warm mit der gerösteten roten Paprika-Basilikum-Sauce als Beilage servieren.

77. Leberstrudel

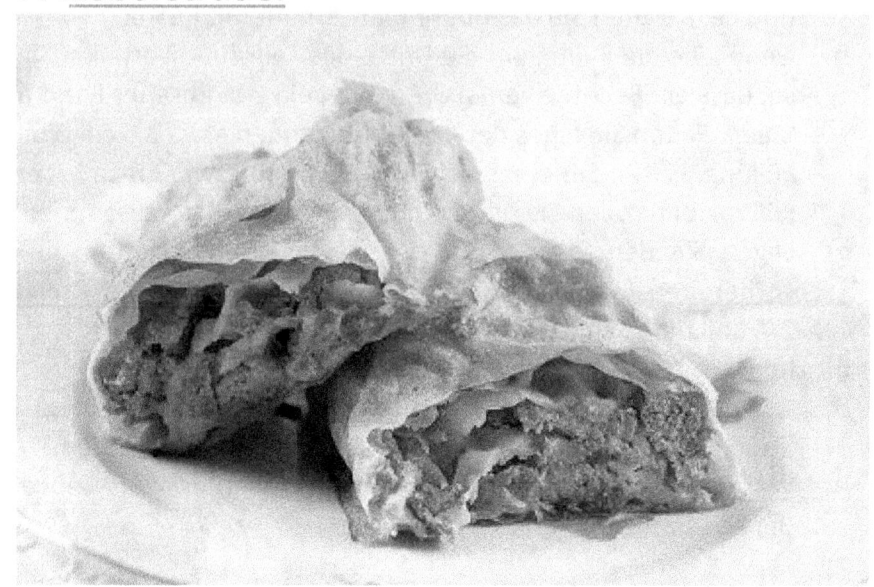

ZUTATEN:
KRUSTE:
- 1 1/4 Tassen gesiebtes Mehl
- 1/2 Teelöffel Salz
- 1/3 Tasse Backfett
- 3 Esslöffel Wasser (ca.)

FÜLLUNG:
- 2 Zwiebeln, gehackt
- 3 Esslöffel Fett
- 1/2 Pfund Rinderleber, in Scheiben geschnitten
- 4 hartgekochte Eier
- 1/2 Teelöffel Salz
- 1 Ei, geschlagen
- Prise Salz

ANWEISUNGEN:
FÜR DIE KRUSTE:
a) Mehl und Salz zusammen sieben.
b) Schneiden Sie das Backfett hinein, bis die Mischung wie grober Sand aussieht.
c) Fügen Sie nach und nach Wasser hinzu, bis alles befeuchtet ist und die Stücke aneinander haften.

FÜR DIE FÜLLUNG:
d) Zwiebeln in Fett anbraten, bis sie hellgelb sind.
e) Leber dazugeben und auf jeder Seite 4 Minuten anbraten.
f) Zwiebeln, Lebern und Eier durch einen Zerkleinerer geben.
g) Mit dem restlichen Fett in der Pfanne vermischen und Salz und Pfeffer hinzufügen.

MONTAGE:
h) Teilen Sie den Teig in Drittel und rollen Sie sehr dünne Streifen mit einer Größe von jeweils 10 x 30 cm aus.
i) In die Mitte jedes Streifens ein Stück Lebermischung legen.
j) Die Hälfte des Teigs darüber rollen; Mit geschlagenem Ei bestreichen und mit der anderen Seite des Teigs bedecken.
k) Alles mit verquirltem Ei bestreichen und die Enden verschließen.
l) Auf Backbleche legen und 20 Minuten im 200 °C heißen Ofen backen.
m) Etwas abkühlen lassen und in 1/2-Zoll-Scheiben schneiden.

78.Fleischstrudel

ZUTATEN:
FÜR DIE FÜLLUNG:
- 1 Pfund Rinderhackfleisch oder eine Mischung aus Rind- und Schweinefleisch
- 1 Zwiebel, fein gehackt
- 2 Knoblauchzehen, gehackt
- 1 Tasse Champignons, fein gehackt
- 1 Tasse Spinat, gehackt
- 1/4 Tasse Semmelbrösel
- 1/4 Tasse Rinder- oder Gemüsebrühe
- 1 Teelöffel getrockneter Thymian
- Salz und schwarzer Pfeffer nach Geschmack

FÜR DEN STRUDELTEIG:
- 2 Tassen Allzweckmehl
- 1/2 Tasse warmes Wasser
- 1/4 Tasse Pflanzenöl
- Prise Salz

ZUR MONTAGE:
- 1/2 Tasse geschmolzene Butter (zum Bestreichen)
- Sesam oder Mohn (optional, zum Bestreuen)

ANWEISUNGEN:
FÜR DIE FÜLLUNG:
a) In einer Pfanne das Hackfleisch bei mittlerer Hitze anbraten. Bei Bedarf überschüssiges Fett abtropfen lassen.
b) Gehackte Zwiebeln und Knoblauch in die Pfanne geben. Anbraten, bis die Zwiebeln glasig sind.
c) Gehackte Pilze unterrühren und kochen, bis sie ihre Feuchtigkeit abgeben.
d) Gehackten Spinat, Semmelbrösel, Rinder- oder Gemüsebrühe, getrockneten Thymian, Salz und schwarzen Pfeffer hinzufügen. Kochen, bis die Mischung gut vermischt ist und überschüssige Flüssigkeit verdampft ist. Vom Herd nehmen und abkühlen lassen.

FÜR DEN STRUDELTEIG:

e) In einer Schüssel Mehl und Salz vermischen. Machen Sie eine Mulde in die Mitte und geben Sie warmes Wasser und Pflanzenöl hinzu.
f) Mischen, bis ein Teig entsteht. Den Teig auf einer bemehlten Fläche kneten, bis er glatt und elastisch wird.
g) Lassen Sie den Teig etwa 30 Minuten ruhen, bedeckt mit einem feuchten Tuch.

MONTAGE:
h) Heizen Sie den Ofen auf 375 °F (190 °C) vor.
i) Den Teig auf einer bemehlten Fläche zu einem großen Rechteck ausrollen.
j) Legen Sie die abgekühlte Fleischfüllung entlang einer Kante des Rechtecks und lassen Sie an den Rändern etwas Platz.
k) Den Teig über die Füllung rollen und dabei die Seiten einschlagen, sodass eine Klotzform entsteht.
l) Den gerollten Strudel auf ein mit Backpapier ausgelegtes Backblech legen.
m) Den Strudel mit zerlassener Butter bestreichen. Optional Sesam oder Mohn darüber streuen.
n) Im vorgeheizten Ofen 25–30 Minuten backen oder bis der Strudel goldbraun und durchgegart ist.
o) Lassen Sie den Fleischstrudel etwas abkühlen, bevor Sie ihn in Scheiben schneiden.
p) Servieren Sie den Fleischstrudel warm und genießen Sie die herzhafte Füllung, umhüllt von einer flockigen, goldenen Kruste!

79. Auberginen-Tomaten-Strudel

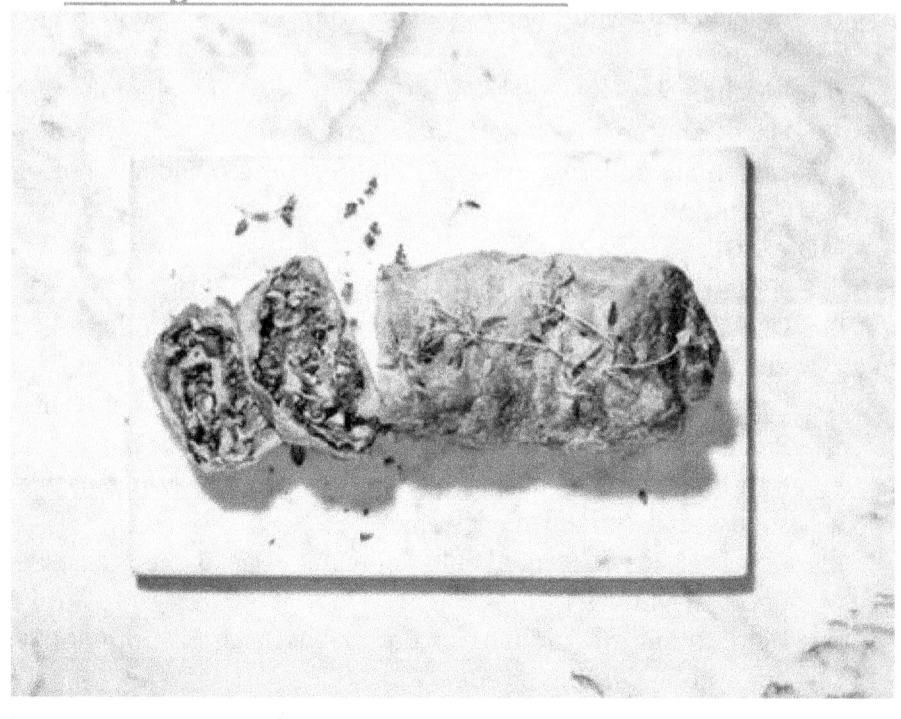

ZUTATEN:
FÜR DIE FÜLLUNG:
- 1 große Aubergine, gewürfelt
- 1 Tasse Kirschtomaten, halbiert
- 1 Zwiebel, fein gehackt
- 2 Knoblauchzehen, gehackt
- 1 rote Paprika, gewürfelt
- 1/2 Tasse zerbröselter Feta-Käse
- 1/4 Tasse gehacktes frisches Basilikum
- 2 Esslöffel Olivenöl
- Salz und schwarzer Pfeffer nach Geschmack

FÜR DEN STRUDELTEIG:
- 2 Tassen Allzweckmehl
- 1/2 Tasse warmes Wasser
- 1/4 Tasse Olivenöl
- Prise Salz

ZUR MONTAGE:
- 1/4 Tasse geschmolzene Butter (zum Bestreichen)
- Sesam oder Mohn (optional, zum Bestreuen)

ANWEISUNGEN:
FÜR DIE FÜLLUNG:
a) Heizen Sie den Ofen auf 375 °F (190 °C) vor.
b) Gewürfelte Auberginen auf ein Backblech legen, mit Olivenöl beträufeln und im vorgeheizten Ofen etwa 15–20 Minuten rösten, bis sie weich sind. Aus dem Ofen nehmen und abkühlen lassen.
c) In einer Pfanne gehackte Zwiebeln und Knoblauch in Olivenöl anbraten, bis sie weich sind.
d) Gewürfelte rote Paprika in die Pfanne geben und einige Minuten kochen, bis sie leicht zart sind.
e) Geröstete Auberginen, sautierte Zwiebelmischung, Kirschtomaten, zerbröckelten Feta und gehacktes Basilikum in einer Schüssel vermischen. Mit Salz und schwarzem Pfeffer würzen. Gut mischen.

FÜR DEN STRUDELTEIG:

f) In einer Schüssel Mehl und Salz vermischen. Machen Sie eine Mulde in die Mitte und geben Sie warmes Wasser und Olivenöl hinein.
g) Mischen, bis ein Teig entsteht. Den Teig auf einer bemehlten Fläche kneten, bis er glatt und elastisch wird.
h) Lassen Sie den Teig etwa 30 Minuten ruhen, bedeckt mit einem feuchten Tuch.

MONTAGE:
i) Heizen Sie den Ofen auf 375 °F (190 °C) vor.
j) Den Teig auf einer bemehlten Fläche zu einem großen Rechteck ausrollen.
k) Platzieren Sie die vorbereitete Füllung entlang einer Kante des Rechtecks und lassen Sie an den Rändern etwas Platz.
l) Den Teig über die Füllung rollen und dabei die Seiten einschlagen, sodass eine Klotzform entsteht.
m) Den gerollten Strudel auf ein mit Backpapier ausgelegtes Backblech legen.
n) Den Strudel mit zerlassener Butter bestreichen. Optional Sesam oder Mohn darüber streuen.
o) Im vorgeheizten Ofen 25–30 Minuten backen oder bis der Strudel goldbraun und durchgegart ist.
p) Lassen Sie den Auberginen-Tomaten-Strudel etwas abkühlen, bevor Sie ihn in Scheiben schneiden.
q) Servieren Sie den Auberginen-Tomaten-Strudel warm und genießen Sie die köstliche Kombination aus gerösteten Auberginen, saftigen Tomaten und herzhaftem Feta im Blätterteigmantel!

80. Zucchinistrudel mit Hackfleisch

ZUTATEN:
FÜR DIE FÜLLUNG:
- 1 Pfund Rinderhackfleisch oder eine Mischung aus Rind- und Schweinefleisch
- 2 mittelgroße Zucchini, gerieben
- 1 Zwiebel, fein gehackt
- 2 Knoblauchzehen, gehackt
- 1/2 Tasse Semmelbrösel
- 1/4 Tasse Milch
- 1 Teelöffel getrockneter Oregano
- Salz und schwarzer Pfeffer nach Geschmack
- Olivenöl zum Anbraten

FÜR DEN STRUDELTEIG:
- 2 Tassen Allzweckmehl
- 1/2 Tasse warmes Wasser
- 1/4 Tasse Pflanzenöl
- Prise Salz

ZUR MONTAGE:
- 1/4 Tasse geschmolzene Butter (zum Bestreichen)
- Sesam oder Mohn (optional, zum Bestreuen)

ANWEISUNGEN:
FÜR DIE FÜLLUNG:
a) Heizen Sie den Ofen auf 375 °F (190 °C) vor.
b) In einer Pfanne gehackte Zwiebeln und gehackten Knoblauch in Olivenöl anbraten, bis sie weich sind.
c) Hackfleisch in die Pfanne geben und anbraten, bis es braun ist. Bei Bedarf überschüssiges Fett abtropfen lassen.
d) In einer Schüssel geriebene Zucchini, Semmelbrösel, Milch, getrockneten Oregano, Salz und schwarzen Pfeffer vermischen. Gut mischen.
e) Die Zucchinimischung mit dem gekochten Fleisch in die Pfanne geben. Einige Minuten kochen, bis die Zucchini weich ist. Vom Herd nehmen und abkühlen lassen.

FÜR DEN STRUDELTEIG:

f) In einer Schüssel Mehl und Salz vermischen. Machen Sie eine Mulde in die Mitte und geben Sie warmes Wasser und Pflanzenöl hinein.
g) Mischen, bis ein Teig entsteht. Den Teig auf einer bemehlten Fläche kneten, bis er glatt und elastisch wird.
h) Lassen Sie den Teig etwa 30 Minuten ruhen, bedeckt mit einem feuchten Tuch.

MONTAGE:
i) Heizen Sie den Ofen auf 375 °F (190 °C) vor.
j) Den Teig auf einer bemehlten Fläche zu einem großen Rechteck ausrollen.
k) Platzieren Sie die abgekühlte Zucchini-Fleisch-Füllung entlang einer Kante des Rechtecks und lassen Sie an den Rändern etwas Platz.
l) Den Teig über die Füllung rollen und dabei die Seiten einschlagen, sodass eine Klotzform entsteht.
m) Den gerollten Strudel auf ein mit Backpapier ausgelegtes Backblech legen.
n) Den Strudel mit zerlassener Butter bestreichen. Optional Sesam oder Mohn darüber streuen.
o) Im vorgeheizten Ofen 25–30 Minuten backen oder bis der Strudel goldbraun und durchgegart ist.
p) Lassen Sie den Zucchinistrudel mit Hackfleisch etwas abkühlen, bevor Sie ihn in Scheiben schneiden.
q) Servieren Sie den Zucchinistrudel warm und genießen Sie die geschmackvolle Kombination aus Zucchini, Hackfleisch und aromatischen Kräutern, umhüllt von einer knusprigen, goldenen Kruste!

81. Rindfleisch-Brokkoli-Strudel

ZUTATEN:
FÜR DIE FÜLLUNG:
- 1 Pfund Rinderfilet, in dünne Scheiben geschnitten
- 2 Tassen Brokkoliröschen, blanchiert
- 1 Zwiebel, in dünne Scheiben geschnitten
- 2 Knoblauchzehen, gehackt
- 1/4 Tasse Sojasauce
- 2 Esslöffel Austernsauce
- 1 Esslöffel Hoisinsauce
- 1 Teelöffel Sesamöl
- 1 Esslöffel Pflanzenöl
- Salz und schwarzer Pfeffer nach Geschmack

FÜR DEN STRUDELTEIG:
- 2 Tassen Allzweckmehl
- 1/2 Tasse warmes Wasser
- 1/4 Tasse Pflanzenöl
- Prise Salz

ZUR MONTAGE:
- 1/4 Tasse geschmolzene Butter (zum Bestreichen)
- Sesamsamen (optional, zum Bestreuen)

ANWEISUNGEN:
FÜR DIE FÜLLUNG:
a) Heizen Sie den Ofen auf 375 °F (190 °C) vor.
b) In einer Pfanne Pflanzenöl bei mittlerer bis hoher Hitze erhitzen. Fügen Sie geschnittenes Rindfleisch hinzu und kochen Sie es, bis es braun ist. Aus der Pfanne nehmen und beiseite stellen.
c) Geben Sie bei Bedarf noch etwas Öl in die gleiche Pfanne. In Scheiben geschnittene Zwiebeln und gehackten Knoblauch anbraten, bis sie weich sind.
d) Die blanchierten Brokkoliröschen in die Pfanne geben und einige Minuten unter Rühren braten.
e) Geben Sie das gekochte Rindfleisch wieder in die Pfanne. Sojasauce, Austernsauce, Hoisinsauce, Sesamöl, Salz und schwarzen Pfeffer hinzufügen. Kochen, bis die Mischung gut

vermischt und durchgewärmt ist. Vom Herd nehmen und abkühlen lassen.

FÜR DEN STRUDELTEIG:

f) In einer Schüssel Mehl und Salz vermischen. Machen Sie eine Mulde in die Mitte und geben Sie warmes Wasser und Pflanzenöl hinzu.

g) Mischen, bis ein Teig entsteht. Den Teig auf einer bemehlten Fläche kneten, bis er glatt und elastisch wird.

h) Lassen Sie den Teig etwa 30 Minuten ruhen, bedeckt mit einem feuchten Tuch.

MONTAGE:

i) Heizen Sie den Ofen auf 375 °F (190 °C) vor.

j) Den Teig auf einer bemehlten Fläche zu einem großen Rechteck ausrollen.

k) Legen Sie die abgekühlte Rindfleisch-Brokkoli-Füllung entlang einer Kante des Rechtecks und lassen Sie an den Rändern etwas Platz.

l) Den Teig über die Füllung rollen und dabei die Seiten einschlagen, sodass eine Klotzform entsteht.

m) Den gerollten Strudel auf ein mit Backpapier ausgelegtes Backblech legen.

n) Den Strudel mit zerlassener Butter bestreichen. Optional Sesam darüber streuen.

o) Im vorgeheizten Ofen 25–30 Minuten backen oder bis der Strudel goldbraun und durchgegart ist.

p) Lassen Sie den Rindfleisch-Brokkoli-Strudel etwas abkühlen, bevor Sie ihn in Scheiben schneiden.

82. Wurst- und Pilzstrudel

ZUTATEN:
FÜR DIE FÜLLUNG:
- 1 Pfund Wurst (italienisch, zum Frühstück oder nach Wahl), ohne Hülle
- 2 Tassen Champignons, fein gehackt
- 1 Zwiebel, fein gehackt
- 2 Knoblauchzehen, gehackt
- 1/2 Tasse Semmelbrösel
- 1/4 Tasse geriebener Parmesankäse
- 1 Esslöffel frische Thymianblätter
- Salz und schwarzer Pfeffer nach Geschmack
- Olivenöl zum Anbraten

FÜR DEN STRUDELTEIG:
- 2 Tassen Allzweckmehl
- 1/2 Tasse warmes Wasser
- 1/4 Tasse Pflanzenöl
- Prise Salz

ZUR MONTAGE:
- 1/4 Tasse geschmolzene Butter (zum Bestreichen)
- Sesam oder Mohn (optional, zum Bestreuen)

ANWEISUNGEN:
FÜR DIE FÜLLUNG:
a) Heizen Sie den Ofen auf 375 °F (190 °C) vor.
b) In einer Pfanne Olivenöl bei mittlerer bis hoher Hitze erhitzen. Gehackte Zwiebeln und gehackten Knoblauch hinzufügen. Sautieren, bis es weich ist.
c) Die Wurst in die Pfanne geben, mit einem Löffel zerkleinern und braten, bis sie braun ist. Bei Bedarf überschüssiges Fett abtropfen lassen.
d) Gehackte Pilze in die Pfanne geben und kochen, bis sie ihre Feuchtigkeit abgeben.
e) Semmelbrösel, geriebenen Parmesan, frischen Thymian, Salz und schwarzen Pfeffer unterrühren. Kochen, bis die Mischung gut vermischt ist . Vom Herd nehmen und abkühlen lassen.

FÜR DEN STRUDELTEIG:

f) In einer Schüssel Mehl und Salz vermischen. Machen Sie eine Mulde in die Mitte und geben Sie warmes Wasser und Pflanzenöl hinzu.
g) Mischen, bis ein Teig entsteht. Den Teig auf einer bemehlten Fläche kneten, bis er glatt und elastisch wird.
h) Lassen Sie den Teig etwa 30 Minuten ruhen, bedeckt mit einem feuchten Tuch.

MONTAGE:
i) Heizen Sie den Ofen auf 375 °F (190 °C) vor.
j) Den Teig auf einer bemehlten Fläche zu einem großen Rechteck ausrollen.
k) Platzieren Sie die abgekühlte Wurst- und Pilzfüllung an einer Kante des Rechtecks und lassen Sie an den Rändern etwas Platz.
l) Den Teig über die Füllung rollen und dabei die Seiten einschlagen, sodass eine Klotzform entsteht.
m) Den gerollten Strudel auf ein mit Backpapier ausgelegtes Backblech legen.
n) Den Strudel mit zerlassener Butter bestreichen. Optional Sesam oder Mohn darüber streuen.
o) Im vorgeheizten Ofen 25–30 Minuten backen oder bis der Strudel goldbraun und durchgegart ist.
p) Lassen Sie die Wurst- und Pilzstrudel etwas abkühlen, bevor Sie sie in Scheiben schneiden.

83. Pilz-Zucchini-Strudel

ZUTATEN:
FÜR DIE FÜLLUNG:
- 2 Tassen Champignons, in dünne Scheiben geschnitten
- 2 mittelgroße Zucchini (Zucchini), gerieben
- 1 Zwiebel, fein gehackt
- 2 Knoblauchzehen, gehackt
- 1/2 Tasse Ricotta-Käse
- 1/4 Tasse geriebener Parmesankäse
- 2 Esslöffel frische Petersilie, gehackt
- 1 Esslöffel Olivenöl
- Salz und schwarzer Pfeffer nach Geschmack

FÜR DEN STRUDELTEIG:
- 2 Tassen Allzweckmehl
- 1/2 Tasse warmes Wasser
- 1/4 Tasse Olivenöl
- Prise Salz

ZUR MONTAGE:
- 1/4 Tasse geschmolzene Butter (zum Bestreichen)
- Sesam oder Mohn (optional, zum Bestreuen)

ANWEISUNGEN:
FÜR DIE FÜLLUNG:

a) Heizen Sie den Ofen auf 375 °F (190 °C) vor.
b) In einer Pfanne Olivenöl bei mittlerer bis hoher Hitze erhitzen. Gehackte Zwiebeln und gehackten Knoblauch hinzufügen. Sautieren, bis es weich ist.
c) In Scheiben geschnittene Pilze in die Pfanne geben und kochen, bis sie ihre Feuchtigkeit abgeben.
d) Zucchini (Zucchini) unterrühren und einige Minuten garen, bis sie weich sind. Bei Bedarf überschüssige Feuchtigkeit entfernen.
e) In einer Schüssel die sautierte Pilz- Zucchini- Mischung mit Ricotta-Käse, geriebenem Parmesan, gehackter Petersilie, Salz und schwarzem Pfeffer vermischen. Gut mischen. Lassen Sie die Füllung abkühlen.

FÜR DEN STRUDELTEIG:
f) In einer Schüssel Mehl und Salz vermischen. Machen Sie eine Mulde in die Mitte und geben Sie warmes Wasser und Olivenöl hinzu.
g) Mischen, bis ein Teig entsteht. Den Teig auf einer bemehlten Fläche kneten, bis er glatt und elastisch wird.
h) Lassen Sie den Teig etwa 30 Minuten ruhen, bedeckt mit einem feuchten Tuch.

MONTAGE:
i) Heizen Sie den Ofen auf 375 °F (190 °C) vor.
j) Den Teig auf einer bemehlten Fläche zu einem großen Rechteck ausrollen.
k) Platzieren Sie die abgekühlte Pilz- und Zucchinifüllung an einer Kante des Rechtecks und lassen Sie an den Rändern etwas Platz.
l) Den Teig über die Füllung rollen und dabei die Seiten einschlagen, sodass eine Klotzform entsteht.
m) Den gerollten Strudel auf ein mit Backpapier ausgelegtes Backblech legen.
n) Den Strudel mit zerlassener Butter bestreichen. Optional Sesam oder Mohn darüber streuen.
o) Im vorgeheizten Ofen 25–30 Minuten backen oder bis der Strudel goldbraun und durchgegart ist.
p) Lassen Sie den Pilz- Zucchini- Strudel etwas abkühlen, bevor Sie ihn in Scheiben schneiden.

84.Pilzstrudel

ZUTATEN:
- 2 Schalotten, gehackt
- ½ Tasse Weißwein
- 8 Unzen Crimini, in Scheiben geschnitten
- 8 Unzen Shiitake, in Scheiben geschnitten
- 1 ½ Tassen Sahne
- ½ Teelöffel Thymian, frisch
- Salz und schwarzer Pfeffer nach Geschmack
- 1 Ei, geschlagen
- 12 4-Zoll-Blätterteigquadrate

ANWEISUNGEN:

a) Pilze und Schalotten im Wein kochen, bis der Wein verdampft ist. Sahne, Thymian sowie Salz und Pfeffer hinzufügen.

b) Auf die Hälfte reduzieren und ein paar Stunden kalt stellen, bis die Creme fest wird. 1 runden Teelöffel Pilzmischung in den Teig geben, falten und mit Eigelb bestreichen.

c) Im Ofen etwa 8–12 Minuten backen, bis sie goldbraun sind. Die restliche Pilzmischung erhitzen und zum Strudel servieren.

MEHR GEHÄUSEGESCHIRR

85. Filet-Croustades mit Käse- und Pilzfüllung

ZUTATEN:
FÜR DIE KROUSTADES:
- 1 Baguette, in 1/2-Zoll-Runden geschnitten
- Olivenöl zum Bestreichen
- Salz und schwarzer Pfeffer nach Geschmack

Für das Rinderfilet:
- 1 Pfund Rinderfilet, fein gewürfelt
- 2 Esslöffel Olivenöl
- 2 Knoblauchzehen, gehackt
- 1 Teelöffel getrockneter Thymian
- Salz und schwarzer Pfeffer nach Geschmack

FÜR DIE PILZ-ZIEGENKÄSE-FÜLLUNG:
- 2 Tassen Champignons, fein gehackt
- 2 Esslöffel Butter
- 1 kleine Zwiebel, fein gehackt
- 2 Knoblauchzehen, gehackt
- 4 Unzen Ziegenkäse
- Salz und schwarzer Pfeffer nach Geschmack
- Frische Petersilie, gehackt (zum Garnieren)

ANWEISUNGEN:
FÜR DIE KROUSTADES:
a) Heizen Sie den Ofen auf 375 °F (190 °C) vor.
b) Die Baguettescheiben auf ein Backblech legen. Jede Scheibe mit Olivenöl bestreichen und mit Salz und schwarzem Pfeffer bestreuen.
c) Im vorgeheizten Ofen 8-10 Minuten backen oder bis die Scheiben goldbraun und knusprig sind. Beiseite legen.

Für das Rinderfilet:
d) In einer Pfanne Olivenöl bei mittlerer bis hoher Hitze erhitzen. Den gehackten Knoblauch hinzufügen und anbraten, bis er duftet.
e) Das fein gewürfelte Rinderfilet in die Pfanne geben. Mit getrocknetem Thymian, Salz und schwarzem Pfeffer würzen.
f) Kochen, bis das Rindfleisch von allen Seiten gebräunt ist . Vom Herd nehmen und beiseite stellen.

FÜR DIE PILZ-ZIEGENKÄSE-FÜLLUNG:

g) In derselben Pfanne Butter bei mittlerer Hitze schmelzen. Gehackte Zwiebeln hinzufügen und anbraten, bis sie weich sind.
h) Gehackte Pilze und gehackten Knoblauch in die Pfanne geben. Kochen, bis die Pilze ihre Feuchtigkeit abgeben.
i) Mit Salz und schwarzem Pfeffer würzen. Ziegenkäse einrühren und kochen, bis die Mischung gut vermischt ist. Vom Herd nehmen.

MONTAGE:
j) In jede Croustade eine kleine Menge der Pilz- und Ziegenkäsefüllung geben.
k) Belegen Sie jede Croustade mit einer Portion des sautierten Rinderfilets.
l) Mit gehackter frischer Petersilie garnieren.

86. Whiskey-Wurstbrötchen

ZUTATEN:
- 1 Pfund Frühstückswurst
- 1/4 Tasse Whisky
- 1/4 Tasse Semmelbrösel
- 1/4 Tasse gehackte Petersilie
- 1 TL Knoblauchpulver
- Salz und Pfeffer nach Geschmack
- 1 Blatt Blätterteig, aufgetaut

ANWEISUNGEN:
a) Heizen Sie Ihren Backofen auf 400 °F (200 °C) vor.
b) In einer Rührschüssel Frühstückswurst, Whisky, Semmelbrösel, Petersilie, Knoblauchpulver, Salz und Pfeffer vermischen.
c) Den Blätterteig auf einer bemehlten Fläche ausrollen und in 8 gleich große Rechtecke schneiden.
d) Teilen Sie die Wurstmasse in 8 Portionen und formen Sie jede Portion zu einer Wurst.
e) Legen Sie jede Wurst auf ein Blätterteigrechteck und rollen Sie sie auf, wobei Sie die Ränder verschließen.
f) Legen Sie die Wurstbrötchen auf ein Backblech und backen Sie sie 20–25 Minuten lang oder bis sie goldbraun und durchgegart sind.
g) Heiß servieren.

87.Mango Und Wurst Windräder

ZUTATEN:

- 500 g Wursthackfleisch
- 36 Blätter Babyspinat
- 185 g Mango- Chili- Chutney
- 1 Zwiebel klein, fein gewürfelt
- 1 TL marokkanisches Gewürz optional
- 1 Prise Salz und Pfeffer
- 3 Blätterteigblätter
- 1 EL Milch

ANWEISUNGEN:

a) Zwiebel, Mango-Chutney, Wursthackfleisch, Salz, Pfeffer und marokkanische Gewürze in einer mittelgroßen Schüssel vermischen.

b) Auf den Teigblättern verteilen und am anderen Ende eine kleine Lücke lassen.

c) Decken Sie das Fleisch mit einer Schicht Babyspinatblättern ab.

d) Den Teig von der nächstgelegenen Kante aus aufrollen. Führen Sie einen in Milch getauchten Backpinsel am anderen Rand entlang, um den Teig in eine lange Wurstform zu bringen.

e) In 12 Scheiben schneiden und die Stücke flach auf ein gefettetes Blech legen.

f) Bei 180 °C 12–15 Minuten backen, bis es gar ist.

88.Thunfisch-Blätterteig-Windräder

ZUTATEN:
- 1 Blatt Blätterteig
- 2 Teelöffel natives Olivenöl extra
- 1 mittelbraune/gelbe Zwiebel, fein gewürfelt
- 6,5 Unzen Thunfischkonserven in Öl, gut abgetropft
- ⅓ Tasse Cheddar-Käse, gerieben
- 3 Esslöffel glatte Petersilie, fein gehackt
- 1 Teelöffel Zitronenschale
- ¼ Teelöffel Cayennepfeffer
- Meersalz und frisch gemahlener schwarzer Pfeffer

ANWEISUNGEN:
a) Heizen Sie Ihren Backofen auf 200 Grad C vor.
b) Bereiten Sie ein Backblech mit Backpapier vor.
c) Den Blätterteig aus dem Gefrierschrank nehmen und auftauen.
d) Den Teig nach dem Auftauen wieder in den Kühlschrank stellen, damit er gekühlt bleibt.
e) Die Zwiebel fein hacken und etwa 8–10 Minuten lang in Olivenöl anbraten, bis sie leicht karamellisiert ist. Zum Abkühlen beiseite stellen.
f) Lassen Sie die Thunfischdose abtropfen und geben Sie sie in eine mittelgroße Schüssel. Zerstampfen, um größere Stücke zu zerkleinern.
g) Die gekochte Zwiebel und die restlichen Zutaten zum Thunfisch geben und gut vermischen.
h) Überprüfen Sie, ob die Gewürze Ihrem Geschmack entsprechen, und fügen Sie bei Bedarf mehr Salz, Pfeffer oder Zitronenschale hinzu.
i) Belegen Sie den Teig mit Ihrer Thunfischmischung. Verteilen Sie die Mischung gleichmäßig und achten Sie darauf, dass am Rand des Teigs eine kleine Lücke bleibt.
j) Drücken Sie die Mischung mit der Rückseite eines Löffels oder Gummispatels nach unten, um sie zu verdichten.
k) Beginnen Sie langsam, den Teig von der Seite aus zu rollen, die Ihnen am nächsten liegt. Rollen Sie einigermaßen fest und so fest wie möglich vorwärts, bis Sie das Ende der Rolle erreicht haben.
l) Stellen Sie den Blätterteig erneut für etwa 15 Minuten in den Kühlschrank, damit er fester wird.

m) Schneiden Sie die Enden mit einem gezackten Messer ab und entsorgen Sie sie.

n) Schneiden Sie dann mit demselben Messer das Windrad in etwa 1,5 cm dicke Scheiben.

o) Legen Sie Ihre Windräder auf ein Backblech. Sollte etwas herausfallen, schieben Sie es einfach vorsichtig wieder hinein.

p) Minuten backen oder bis der Teig goldbraun ist und durchgebacken ist.

q) Warm aus dem Ofen servieren oder auf Zimmertemperatur abkühlen lassen.

89. Kleine Schweinchen in einer Hängematte

ZUTATEN:
- 1 Packung (17,3 Unzen) gefrorener Blätterteig, aufgetaut
- 3 Esslöffel kernlose Himbeermarmelade
- 1 Esslöffel Dijon-Senf
- 1 Runde (8 Unzen) Camembertkäse
- 18 Miniatur-Räucherwürste
- 1 großes Ei
- 1 Esslöffel Wasser

ANWEISUNGEN:

a) Den Ofen auf 200 °C vorheizen. Den Blätterteig ausbreiten und aus jedem Teig 9 Quadrate ausschneiden. Schneiden Sie jedes Quadrat diagonal durch, sodass zwei Dreiecke entstehen.

b) Senf und Marmelade in einer kleinen Schüssel vermengen und gut vermischen. Die Mischung auf Dreiecke verteilen. Käse quer halbieren; Dann jede Hälfte in neun Spalten schneiden.

c) Auf jedes Teigdreieck eine Käsescheibe und eine Wurst legen. Teigränder über Wurst und Käse ziehen und durch Zusammendrücken der Ränder verschließen.

d) Den Teig auf einem mit Backpapier ausgelegten Backblech anrichten. Wasser und Ei in einer kleinen Schüssel verrühren und den Teig mit der Eierwaschmischung bestreichen.

e) 15 bis 17 Minuten goldbraun backen.

90. Blätterteig-Wurströllchen

ZUTATEN:
- 1 Blatt Blätterteig, aufgetaut
- 4 Wurstglieder, Hüllen entfernt
- 1 Ei, geschlagen

ANWEISUNGEN:
a) Den Ofen auf 200 °C (400 °F) vorheizen.
b) Rollen Sie den Blätterteig auf einer leicht bemehlten Arbeitsfläche etwa 0,6 cm dick aus.
c) Teilen Sie das Wurstbrät in 4 gleich große Portionen und formen Sie jede Portion zu einem Block.
d) Legen Sie jede Wurstrolle auf den Blätterteig, rollen Sie den Blätterteig um die Wurstrolle und drücken Sie die Ränder zusammen, um sie zu verschließen.
e) 5. Schneiden Sie jedes Wurstbrötchen in 4 gleich große Stücke.
f) Legen Sie die Wurstbrötchen auf ein mit Backpapier ausgelegtes Backblech.
g) Jedes Wurstbrötchen mit geschlagenem Ei bestreichen.
h) 20–25 Minuten backen, bis die Wurst goldbraun ist und durchgegart ist .
i) Warm servieren.

91. Kräuter-Rindereintopf mit Blätterteig

ZUTATEN:
- 1 Pfund Rindereintopffleisch, in 1-Zoll-Würfel geschnitten
- 1 Esslöffel Rapsöl
- 3 mittelgroße Karotten, in 2,5 cm große Stücke geschnitten
- 1 bis 2 mittelgroße rote Kartoffeln, in 2,5 cm große Stücke geschnitten
- 1 Tasse geschnittener Sellerie (1/2-Zoll-Stücke)
- 1/2 Tasse gehackte Zwiebel
- 1 Knoblauchzehe, gehackt
- 2 Dosen (je 10-1/2 Unzen) kondensierte Rinderbrühe, unverdünnt
- 1 Dose (14-1/2 Unzen) gewürfelte Tomaten, nicht abgetropft
- Je 1 Teelöffel getrocknete Petersilienflocken, Thymian und Majoran
- 1/4 Teelöffel Pfeffer
- 2 Lorbeerblätter
- 1 Tasse gewürfelter geschälter Butternusskürbis
- 3 Esslöffel schnell kochende Tapioka
- 1 bis 2 Packungen (je 17,3 Unzen) gefrorener Blätterteig, aufgetaut
- 1 Eigelb
- 1/4 Tasse schwere Schlagsahne

ANWEISUNGEN:
a) Rindfleisch in Öl in einem holländischen Ofen anbraten; Beanspruchung. Gewürze, Tomaten, Brühe, Knoblauch, Zwiebeln, Sellerie, Kartoffeln und Karotten untermischen.
b) Koch es. Reduzieren Sie die Hitze und lassen Sie das Fleisch zugedeckt ca. 1 Stunde köcheln, bis es fast weich ist. Lorbeerblätter entfernen. Tapioka und Kürbis untermischen , nochmals aufkochen . 5 Minuten kochen lassen. Vom Herd nehmen und 10 Minuten abkühlen lassen.
c) In der Zwischenzeit den Blätterteig auf einer leicht mit Mehl bestreuten Fläche etwa 2 mm dick ausrollen. Mit einem 10-oz. Schneiden Sie aus der Auflaufform als Muster sechs Kreise aus, die etwa 2,5 cm größer sind als der Durchmesser der Auflaufform.
d) Füllen Sie die Rindfleischmischung in 6 gefettete 10-Unzen-Brötchen. Auflaufförmchen; Legen Sie jeweils einen Teigkreis darauf.

Verschließen Sie den Teig mit den Rändern der Auflaufförmchen und schneiden Sie die Schlitze in jedem Teig ein. Wenn Sie möchten, schneiden Sie 30 Streifen mit Teigresten aus.

e) Drehen Sie die Streifen und legen Sie auf jede Auflaufform 5 Streifen. Durch Zusammendrücken der Ränder verschließen. Sahne und Eigelb verrühren, darüber streichen.

f) Legen Sie ein Backblech auf. Bei 400 °C backen, bis es goldbraun wird, etwa 30–35 Minuten. Vor dem Verzehr 5 Minuten stehen lassen.

92. Lammwurstbrötchen mit Harissa-Joghurt

ZUTATEN:
- 2 Esslöffel natives Olivenöl extra
- 1 weiße Zwiebel, fein gehackt
- 3 Knoblauchzehen, zerdrückt
- 1 Esslöffel fein gehackter Rosmarin
- 1 Teelöffel Kreuzkümmel, zerstoßen, plus etwas mehr
- 500g Lammhackfleisch
- 3 Blätter gefrorener Butterblätterteig, aufgetaut
- 1 Ei, leicht geschlagen
- 250 g dicker Joghurt nach griechischer Art
- 1/4 Tasse (75 g) Harissa oder Tomatenchutney
- Mikrominze zum Servieren (optional)

ANWEISUNGEN:

a) Backofen auf 200 °C vorheizen. Öl in einer Bratpfanne bei mittlerer Hitze erhitzen. Zwiebeln hinzufügen und 3-4 Minuten kochen, bis sie weich sind. Knoblauch, Rosmarin und Kreuzkümmel hinzufügen und 1-2 Minuten kochen, bis es duftet. Vom Herd nehmen, 10 Minuten kalt stellen und dann mit dem Hackfleisch vermischen.

b) Verteilen Sie die Mischung auf Teigblätter und legen Sie sie entlang einer Kante, sodass ein Block entsteht. Den Teig aufrollen und die letzten 3 cm der Teigüberlappung mit Eigelb bestreichen. Den Teig verschließen und ausschneiden.

c) Mit der Nahtseite nach unten auf ein mit Backpapier ausgelegtes Backblech legen und 10 Minuten einfrieren. Dadurch lassen sie sich leichter schneiden.

d) Jede Rolle in vier Teile schneiden und auf dem Blech liegen lassen. Mit Eigelb bestreichen und mit zusätzlichem Kreuzkümmel bestreuen. 30 Minuten backen oder bis der Teig goldbraun und die Brötchen durchgebacken sind.

e) Harissa durch den Joghurt schwenken und mit den mit Minze bestreuten Wurstbrötchen servieren.

93.Pot Pie nach libanesischer Art

ZUTATEN:
- 3 Esslöffel zerdrückter Knoblauch
- 1/4 Tasse zerbröselter Kräuter-Feta-Käse
- 1 Eigelb
- 1 gefrorenes Blätterteigblatt, aufgetaut, halbiert
- 2 Tassen gehackter frischer Spinat
- 2 Hähnchenbrusthälften ohne Knochen und ohne Haut
- 2 Esslöffel Basilikumpesto
- 1/3 Tasse gehackte sonnengetrocknete Tomaten

ANLEITUNG : s

a) Stellen Sie Ihren Ofen auf 375 Grad F ein, bevor Sie etwas anderes tun.

b) Bestreichen Sie die Hähnchenbrüste mit einer Mischung aus zerdrücktem Knoblauch und Eigelb in einer Glasschüssel, decken Sie sie dann mit einer Plastikfolie ab und stellen Sie die Hähnchenbrüste mindestens vier Stunden lang in den Kühlschrank.

c) Geben Sie die Hälfte des Spinats in die Mitte einer Teighälfte und legen Sie dann ein Stück Hähnchenbrust darüber, bevor Sie 1 Esslöffel Pesto, sonnengetrocknete Tomaten, Feta-Käse und dann den restlichen Spinat hinzufügen.

d) Mit der anderen Teighälfte einwickeln.

e) Wiederholen Sie die gleichen Schritte für die restlichen Bruststücke.

f) Alles auf eine Auflaufform legen.

g) Im vorgeheizten Ofen etwa 40 Minuten backen oder bis das Hähnchen zart ist.

h) Aufschlag.

94. Gemüsetopfkuchen

ZUTATEN:
- 1 Blatt Blätterteig
- 2 Tassen gemischtes Gemüse, aufgetaut
- 1 Dose kondensierte Pilzcremesuppe
- 1/2 Tasse Milch
- Salz und Pfeffer

ANWEISUNGEN:
a) Heizen Sie den Ofen auf 400 °F (200 °C) vor.
b) Mischen Sie in einer Schüssel das gemischte Gemüse, die Kondenssuppe, Milch, Salz und Pfeffer.
c) Den Blätterteig auf einer leicht bemehlten Fläche ausrollen und in eine Auflaufform legen.
d) Gießen Sie die Gemüsemischung in den Teig und bedecken Sie ihn mit einem weiteren Teigblatt, wobei Sie die Ränder zusammendrücken, um ihn zu verschließen.
e) 30-35 Minuten backen oder bis der Teig goldbraun ist.

95. Offener Kuchen mit Spinat und Pesto

ZUTATEN:
- 2 (12 Unzen) Lachsfilets ohne Haut und Knochen
- Gewürzsalz nach Geschmack
- 1/2 Teelöffel Knoblauchpulver
- 1 Teelöffel Zwiebelpulver
- 1 (17,25 oz.) Packung gefrorener Blätterteig, aufgetaut
- 1/3 Tasse Pesto
- 1 (6 Unzen) Packung Spinatblätter

ANLEITUNG : s

a) Stellen Sie Ihren Ofen auf 375 Grad F ein, bevor Sie etwas anderes tun.

b) Bestreichen Sie den Lachs mit einer Mischung aus Salz, Zwiebelpulver und Knoblauchpulver, bevor Sie ihn beiseite stellen.

c) Legen Sie nun die Hälfte Ihres Spinats zwischen zwei separate Blätterteigblätter, legen Sie weitere in die Mitte und legen Sie Lachsfilet darüber, bevor Sie Pesto und den restlichen Spinat darauf verteilen.

d) Befeuchten Sie die Ränder mit Wasser und falten Sie es.

e) Im vorgeheizten Backofen etwa 25 Minuten backen.

f) Abkühlen lassen.

g) Aufschlag.

96. Burekas

ZUTATEN:
- 1 lb / 500 g Blätterteig bester Qualität, rein aus Butter
- 1 großes Freilandei, geschlagen

Ricotta-Füllung
- ¼ Tasse / 60 g Hüttenkäse
- ¼ Tasse / 60 g Ricotta-Käse
- ⅔ Tasse / 90 zerbröckelter Feta-Käse
- 2 TL / 10 g ungesalzene Butter, geschmolzen

PECORINO-FÜLLUNG
- 3½ EL / 50 g Ricotta-Käse
- ⅔ Tasse / 70 g geriebener gereifter Pecorino-Käse
- ⅓ Tasse / 50 g geriebener gereifter Cheddar-Käse
- 1 Lauch, in 5 cm große Stücke geschnitten, blanchiert, bis er weich ist, und fein gehackt (insgesamt ¾ Tasse / 80 g)
- 1 EL gehackte glatte Petersilie
- ½ TL frisch gemahlener schwarzer Pfeffer

SAMEN
- 1 TL Schwarzkümmelsamen
- 1 TL Sesamkörner
- 1 TL gelbe Senfkörner
- 1 TL Kümmel
- ½ TL Chiliflocken

ANWEISUNGEN:

a) Rollen Sie den Teig in zwei 12 Zoll / 30 cm große Quadrate mit einer Dicke von jeweils ⅛ Zoll / 3 mm aus. Legen Sie die Blätterteigblätter auf ein mit Backpapier ausgelegtes Backblech – sie können übereinander liegen, mit einem Blatt Backpapier dazwischen – und lassen Sie sie 1 Stunde lang im Kühlschrank ruhen.

b) Geben Sie jeden Satz Füllzutaten in eine separate Schüssel. Mischen und beiseite stellen. Alle Samen in einer Schüssel vermischen und beiseite stellen.

c) Schneiden Sie jedes Teigblatt in 10 cm große Quadrate. Sie sollten insgesamt 18 Quadrate erhalten. Verteilen Sie die erste Füllung gleichmäßig auf die Hälfte der Quadrate und löffeln Sie sie in die Mitte jedes Quadrats. Bestreichen Sie zwei benachbarte Kanten jedes

Quadrats mit Ei und falten Sie das Quadrat dann in zwei Hälften, sodass ein Dreieck entsteht. Drücken Sie die Luft heraus und drücken Sie die Seiten fest zusammen. Sie sollten die Ränder sehr gut andrücken, damit sie sich beim Kochen nicht öffnen . Mit den restlichen Teigquadraten und der zweiten Füllung wiederholen. Auf ein mit Backpapier ausgelegtes Backblech legen und mindestens 15 Minuten im Kühlschrank ruhen lassen, damit es fester wird. Heizen Sie den Ofen auf 220 °C vor.

d) Bestreichen Sie die beiden kurzen Ränder jedes Teigs mit Ei und tauchen Sie diese Ränder in die Samenmischung. Eine kleine Menge Samen mit einer Breite von nur 2 mm genügt, da sie ziemlich dominant sind. Bestreichen Sie die Oberseite jedes Teigstücks ebenfalls mit etwas Ei, wobei Sie die Kerne aussparen.

e) Stellen Sie sicher, dass die Teigstücke einen Abstand von etwa 3 cm haben. 15 bis 17 Minuten backen, bis alles rundherum goldbraun ist. Warm oder bei Zimmertemperatur servieren. Sollte beim Backen etwas Füllung aus dem Gebäck herauslaufen, stopfen Sie es einfach vorsichtig wieder hinein, wenn es abgekühlt genug ist, um es anfassen zu können.

97.Beefsteak Pie

ZUTATEN:
- 1 1/2 Pfund Rinderfilet, in kleine Stücke geschnitten
- 1/4 Tasse Mehl
- 1 Teelöffel Salz
- 1/2 Teelöffel schwarzer Pfeffer
- 3 Esslöffel Butter
- 1 Tasse Rinderbrühe
- 1 Tasse geschnittene Pilze
- 1/2 Tasse gehackte Zwiebeln
- 1/2 Tasse gehackter Sellerie
- 1/2 Tasse gehackte Karotten
- 2 Esslöffel gehackte frische Petersilie
- 1/2 Teelöffel getrockneter Thymian
- 1/4 Teelöffel getrockneter Rosmarin
- 1 Blatt Blätterteig
- 1 Ei, geschlagen

ANWEISUNGEN:

a) Heizen Sie den Ofen auf 400 °F vor.
b) In einer großen Schüssel Mehl, Salz und schwarzen Pfeffer vermischen. Die Rindfleischstücke dazugeben und schwenken, bis sie mit der Mehlmischung bedeckt sind.
c) Die Butter in einer großen Pfanne bei mittlerer bis hoher Hitze schmelzen. Das Rindfleisch dazugeben und anbraten, bis es von allen Seiten braun ist.
d) Rinderbrühe, Pilze, Zwiebeln, Sellerie, Karotten, Petersilie, Thymian und Rosmarin in die Pfanne geben. Zum Kochen bringen, dann die Hitze reduzieren und 10–15 Minuten köcheln lassen, bis das Gemüse weich und die Soße eingedickt ist.
e) Rollen Sie den Blätterteig auf einer leicht bemehlten Oberfläche aus und belegen Sie damit eine 9-Zoll-Kuchenform. Füllen Sie den Kuchen mit der Rindfleischmischung.
f) Die Teigränder mit dem verquirlten Ei bestreichen. Decken Sie die Oberseite des Kuchens mit dem restlichen Teig ab und drücken Sie die Ränder zusammen, um sie zu verschließen.
g) Die Oberseite des Teigs mit dem restlichen geschlagenen Ei bestreichen.
h) Im vorgeheizten Backofen 30–35 Minuten backen, bis der Teig goldbraun ist.

98. Australian Pie Floater

ZUTATEN:
- 1 große braune Zwiebel, fein gehackt
- 2 Esslöffel Pflanzenöl
- 1 Pfund mageres, fein gehacktes oder gehacktes Rindfleisch
- 3/4 Tasse Rinder- oder Gemüsebrühe
- 1 Esslöffel Maisstärke
- Prise Salz
- Prise Pfeffer
- 2 Blätter gefrorener Kuchenteig
- 2 Blätter gefrorener Blätterteig
- 4 Tassen Rinderbrühe
- 2 Teelöffel Natron
- 1 Pfund getrocknete grüne Erbsen, über Nacht in ausreichend Wasser eingeweicht, um sie zu bedecken
- 1 Teelöffel Backpulver

ANWEISUNGEN:

a) Am Abend zuvor die Erbsen in einen tiefen Topf geben, mit Wasser und Backpulver bedecken und über Nacht stehen lassen. Zum Kochen abtropfen lassen.

b) Den Ofen auf 450 °F vorheizen.

c) In einem Topf die Zwiebeln in etwas Öl anbraten. Das Rindfleisch dazugeben und anbraten.

d) Brühe, Gewürze und Maisstärke hinzufügen. Bei mittlerer Hitze unter ständigem Rühren kochen, um die Maisstärke einzuarbeiten, bis etwa fünf Minuten lang eine dicke Soße entsteht.

e) Vier 7,6 x 15 cm große Kuchenformen einfetten. Schneiden Sie 3 x 7 Zoll große Kreise aus dem Kuchenteig, um den Boden und die Seiten der Pfannen auszukleiden. Mit der Rindfleisch-Soßen-Mischung füllen. Felgen mit Wasser bestreichen.

f) Schneiden Sie 7,6 x 17,8 cm große Kreise aus dem Blätterteig. Über das Fleisch legen. Zum Verschließen drücken. Trimmen. Die Kuchen auf das heiße Blech legen.

g) Im vorgeheizten Zustand 20–25 Minuten goldbraun backen.

h) Während die Kuchen backen, bereiten Sie die Erbsensoße zu.

i) Waschen Sie die rehydrierten Erbsen, um jeglichen Schmutz zu entfernen, und geben Sie sie mit einem Teelöffel Backpulver und der Rinderbrühe in einen Topf.

j) Zum Kochen bringen und kochen, bis die Erbsen sehr weich sind.

k) Die Erbsen und die Brühe zerdrücken oder pürieren, bis die Konsistenz einer dicken Suppe entsteht.

l) Die Erbsensoße auf einen Servierteller geben und einen heißen Kuchen darauf legen.

m) Macht vier Kuchen.

99. Steak und Zwiebelkuchen

ZUTATEN:
- 2 Esslöffel Olivenöl
- 2 x 600 g Rinderbäckchen, Sehnen entfernt
- 1 große Zwiebel, in Spalten geschnitten
- 2 Knoblauchzehen, zerdrückt
- 125 ml Rotwein
- 1 Liter Rinderbrühe
- 2 Zweige Rosmarin
- 1 x 320-g-Packung (1 Blatt) im Laden gekaufter Blätterteig
- 1 kleines Stück Butter
- Salz und frisch gemahlener schwarzer Pfeffer
- 1 Stange Sellerie, fein gewürfelt, zum Garnieren
- Sellerieblätter zum Garnieren
- Kapuzinerkresseblätter zum Garnieren

FÜR DEN SÜSSEN TOMATENGENUSS
- 250g reife Tomaten
- ½ rote Zwiebel, fein gewürfelt
- 1 Teelöffel Olivenöl
- 1 Knoblauchzehe, fein gewürfelt
- ¼ Teelöffel getrocknete Chiliflocken
- ½ Teelöffel Tomatenmark oder -püree
- 1 Esslöffel brauner Zucker
- 1 Esslöffel Rotweinessig

FÜR DIE RAUCHSAUEREN ZWIEBELN
- 1 Teelöffel Olivenöl
- 4 Schalotten, längs halbiert
- 125 ml Apfelessig
- 1 Esslöffel Puderzucker

ANWEISUNGEN:

a) Für das süße Tomatenrelish mit einem kleinen Messer ein flaches Kreuz in den Boden jeder Tomate einschneiden. Geben Sie die Tomaten in eine große Schüssel, bedecken Sie sie mit kochendem Wasser und lassen Sie sie 30 Sekunden lang stehen. Geben Sie die Tomaten dann sofort in eine Schüssel mit Eiswasser. Die Tomaten schälen und beiseite stellen. Die abgekühlten Tomaten vierteln , die Innenhäute und Kerne entfernen und entsorgen und das Fruchtfleisch in kleine Stücke schneiden.

b) Während die Tomaten abkühlen, stellen Sie einen mittelgroßen Topf auf mittlere Hitze. Zwiebel und Olivenöl hinzufügen und 4–6 Minuten kochen, bis sie weich, aber nicht verfärbt sind . Den Knoblauch und die Chiliflocken hinzufügen und eine weitere Minute kochen lassen. Tomatenmark oder -püree dazugeben und 2 Minuten rühren, dann Zucker und Essig hinzufügen. Geben Sie die Tomaten in den Topf und rühren Sie die Mischung gut um. Zum Kochen bringen und dann die Hitze auf mittlere bis niedrige Stufe reduzieren. Unter gelegentlichem Rühren 8–10 Minuten kochen lassen, bis die Mischung dick und klebrig ist. Mit Salz und Pfeffer würzen und etwas abkühlen lassen.

c) Sobald die Mischung abgekühlt ist, pürieren Sie die Mischung mit einem Stabmixer oder geben Sie sie in einen Mixer und zerkleinern Sie sie, bis eine glatte Paste entsteht. Herausnehmen und bis zum Servieren beiseite stellen.

d) Um die rauchigen sauren Zwiebeln zuzubereiten, geben Sie das Olivenöl bei mittlerer bis hoher Hitze in eine kleine Bratpfanne und würzen Sie das Öl mit Salz. Legen Sie die Zwiebeln mit der Schnittfläche nach unten in einer gleichmäßigen Schicht rund um die Bratpfanne.

e) 4–6 Minuten kochen lassen oder bis es leicht verkohlt ist, dann die Hitze auf eine niedrige Stufe reduzieren und Essig und Zucker hinzufügen. Zugedeckt bei schwacher Hitze weitere 5 Minuten garen, dann die Hitze ausschalten und die Zwiebeln in der Flüssigkeit abkühlen lassen. Bis zum Servieren beiseite stellen.

100. Schinken-Käse-Puffs

ZUTATEN:
- 1 Blatt Blätterteig, aufgetaut
- 1/2 Tasse gewürfelter Schinken
- 1/2 Tasse geriebener Cheddar-Käse
- 1 Ei, geschlagen

ANWEISUNGEN:
a) Den Ofen auf 200 °C (400 °F) vorheizen.
b) Rollen Sie den Blätterteig auf einer leicht bemehlten Arbeitsfläche etwa 0,6 cm dick aus.
c) Den Blätterteig in 9 gleich große Quadrate schneiden.
d) In einer Schüssel den gewürfelten Schinken und den geriebenen Cheddar-Käse vermischen .
e) Auf jedes Blätterteigquadrat etwa 1 Esslöffel der Schinken-Käse-Mischung geben.
f) Falten Sie die Ecken des Blätterteigs nach oben und über die Füllung und drücken Sie die Ränder zusammen, um sie zu verschließen.
g) Jeden Blätterteig mit geschlagenem Ei bestreichen.
h) 15-20 Minuten backen, bis sie goldbraun sind.
i) Heiß servieren.

ABSCHLUSS

Zum Abschluss unserer kulinarischen Odyssee durch „DIE FEINSCHMECKER KUNST VON WELLINGTON UND IN EINER KRUSTE" – wir hoffen, dass Sie die Freude daran erlebt haben, elegante Gerichte zu kreieren und zu genießen, die über das Gewöhnliche hinausgehen. Jedes Rezept auf diesen Seiten ist ein Beweis für die Verschmelzung von kulinarischer Kunstfertigkeit und gastronomischem Vergnügen, bei dem Blätterteigschichten köstliche Füllungen umhüllen , wodurch eine Symphonie der Aromen entsteht.

Egal, ob Sie die klassische Eleganz von Beef Wellington genossen, die innovativen Variationen vegetarischer Optionen erkundet oder Ihre eigenen, einzigartigen Variationen kreiert haben, wir sind davon überzeugt, dass diese 100 Rezepte Ihr kulinarisches Repertoire erweitert haben. Jenseits der Küche möge die Kunst von Wellington und En Croûte wird zur Inspirationsquelle und verwandelt Ihre Mahlzeiten in kulinarische Spektakel, die die Sinne erfreuen.

Während Sie weiterhin die Gourmet-Möglichkeiten in Ihrer Küche erkunden, möge der Geist der künstlerischen Umhüllung in Ihren kulinarischen Unternehmungen fortbestehen. Auf die Freude, elegante Gerichte zu kreieren und zu genießen, bei denen jeder Bissen eine Hommage an die Gourmetkunst ist, die in „DIE FEINSCHMECKER KUNST VON WELLINGTON UND IN EINER KRUSTE" Ein Hoch auf Ihr kulinarisches Erlebnis auf einem neuen Niveau!

www.ingramcontent.com/pod-product-compliance
Lightning Source LLC
Chambersburg PA
CBHW071306110526
44591CB00010B/797